重大工程安全风险管理丛书
国际工程管理前沿丛书 | 李启明 主编

国际工程政治风险的智能预测与对策选择

李启明 贾若愚 邓小鹏 著

·南京·

内 容 提 要

"走出去"战略和"一带一路"倡议的实施,为中国的国际承包商提供了巨大的发展机遇,但与此同时,国际市场上的政治风险将会导致国际工程承包商经营环境的改变,政治风险的不确定性对企业的利润带来潜在的巨大影响和不利后果。政治风险必须引起中国国际承包商足够的重视。本书旨在深入揭示国际工程中政治风险的形成机理,探寻政治风险关键影响因素,应用风险传导理论、脆弱性理论、数据挖掘理论、贝叶斯网络理论、系统工程理论等多学科交叉技术对国际工程中政治风险进行预测,对不同风险情景下的风险对策效果进行评价,并在研究过程中结合建筑业的行业特色及"中国因素",对中国的国际承包商所面临的政治风险进行量化、模拟和实证,研究成果将有助于中国承包商在国际工程项目合同签订前后和履行过程中对该项目可能面临的政治风险进行中期到短期的风险预测和风险应对。

本书可供国际工程管理、项目风险管理领域的研究学者及国际承包商的决策人员和项目经理参考。

图书在版编目(CIP)数据

国际工程政治风险的智能预测与对策选择/李启明,贾若愚,邓小鹏著. —南京:东南大学出版社,2017.12
(重大工程安全风险管理丛书,国际工程管理前沿丛书)
ISBN 978-7-5641-7494-1

Ⅰ.①国… Ⅱ.①李… ②贾… ③邓… Ⅲ.①国际承包工程-工程管理-风险管理-研究-中国 Ⅳ.①F746.18

中国版本图书馆 CIP 数据核字(2017)第 292263 号

国际工程政治风险的智能预测与对策选择

著　者　李启明　贾若愚　邓小鹏

出版发行	东南大学出版社
社　　址	南京市四牌楼 2 号　邮编:210096
出版人	江建中
责任编辑	丁　丁
编辑邮箱	d.d.00@163.com
网　　址	http://www.seupress.com
电子邮箱	press@seupress.com
经　　销	全国各地新华书店
印　　刷	江苏凤凰数码印务有限公司
版　　次	2017 年 12 月第 1 版
印　　次	2017 年 12 月第 1 次印刷
开　　本	787 mm×1 092 mm　1/16
印　　张	9.5
字　　数	231 千
书　　号	ISBN 978-7-5641-7494-1
定　　价	38.00 元

本社图书若有印装质量问题,请直接与营销部联系。电话(传真):025-83791830

总 序

建筑业是我国国民经济的重要支柱产业和富民安民的基础产业。与其他安全风险较高的行业(例如航空业、石化工业、医疗行业等)相比,建筑工程事故的规模相对较小,但其发生频率相对较高,危险源类型具有多样性。工程安全一直是项目管理人员和相关研究人员关注的重点。虽然建筑工程事故率的不断下降表明工程安全管理水平正在逐步提升,然而频繁发生的工程伤亡事故还是说明工程安全问题尚未从根本上得到解决,与"零事故"(Zero Accident)或者"零伤害"(Zero Harm)的终极目标相去甚远。相关研究结果表明,建筑工程现场的工作人员受伤或者死亡的概率要远远大于其他行业。从事建筑工程的劳动力约占总数的7%,但是其伤亡事故却占了总数的30%~40%。高事故率是全球建筑工程面临的普遍问题,建筑工程人员工作的危险系数相对较高,其生存工作环境相对恶劣。研究发现,如今愿意从事建筑工程生产的年轻人越来越少,重要原因可以归结为建筑行业糟糕的工作环境和相对较高的事故率,使得年轻人对此行业望而却步。目前,建筑行业的老龄化现象愈发严重,作为劳动密集型的建筑行业如果老龄化趋势继续延续,整个建筑产业的萎缩将是必然的。因此,为了能够使建筑业持续稳定发展,改善其工作环境,提高工程安全管理绩效显得十分重要,这样才能吸引年轻人返回这个古老的行业,给建筑行业不断注入新的活力。

与传统建筑工程相比,重大工程(Megaproject)往往具有投资额度大、技术复杂度高、利益相关者多、全生命周期长等特征。随着重大工程的建设规模越来越大、建设内容越来越多,技术(前期策划、设计、施工、运行)难度越来越高、影响面也越来越广,既包括了质量、成本、进度、组织、安全、信息、环境、风险、沟通等内容,也涉及政治、经济、社会、历史、文化、军事等多个层面。近三十年,各种类型的重大工程如雨后春笋般,在世界各地持续开展,例如中国的三峡大坝工程、日本的福岛核电站灾害处理项目、阿联酋的马斯达尔城项目、尼加拉瓜的大运河工程、美国的肯珀电站项目等。保守估计,目前全球重大工程市场的年均生产总值大约为6万亿~9万亿美元,约占全球GDP的8%。重大工程的持续发展,不断突破工程极限、技术极限和人类操控极限,增加了其安全管理与安全实施的难度,重大工程的安全问题显得尤为突出。1986年4月乌克兰切尔诺贝利核电厂第四号反应堆发生的大爆炸、2008年11月中国杭州地铁1号线土石方坍塌事故、2011年7月中国甬温线动车追尾事故等一系列重大安全事故,给国家、企业和人民造成了巨大损失,给重大工程发展抹上了无形的阴影。因此,研究如何保证重大工程安全,杜绝重大工程安全事故发生,具有非常重要的理论价值和现实意义。

与一般工程相比,重大工程安全管理对安全管理的理论与方法提出了新的挑战,原有的理论与方法已经难以满足环境和系统复杂性带来的新问题对重大工程安全管理新理论与新方法的渴求,对传统的工程安全管理理论和方法进行反思和创新势在必行。本丛书总结了东南大学研究团队多年的研究成果,基于重大工程全生命周期的维度,从计划、设计、施工、运营、维护等方面对重大工程安全管理进行全面的阐释。研究重点从传统的施工阶段拓展到包括设计、运营的全生命周期阶段的安全风险管理;从传统安全风险管理内容深化到安全风险的预测和预警;从一般风险事件聚焦到国际重大工程的政治风险、重大工程的社会风险、PPP项目残值风险等特定风险。本丛书作者来自东南大学、南京航空航天大学、中国矿业大学、河海大学、北京科技大学等单位。作者李启明教授、邓小鹏副教授、吴伟巍副教授、陆莹副教授、周志鹏博士、王志如博士、邓勇亮博士、万欣博士,以及季闯博士、贾若愚博士、宋亮亮博士等长期从事重大工程安全管理的研究工作。由于本丛书涉及重大工程安全管理的多个方面,限于作者们的水平和经验,书中不妥之处在所难免,欢迎读者批评指正。

李启明

2016 年 10 月 9 日

前　言

中国承包商从1978年开始进入国际工程市场,经过近四十年的曲折发展历程,如今已取得了辉煌的成就。据商务部的统计,2016年我国对外承包工程新签合同达到2 440亿美元,中国的对外承包工程已成长为超2 000亿美元的国际业务。在"走出去"战略和"一带一路"倡议的支持和推进下,将会有更多的中国承包商走向国际工程市场。但与此同时,国际市场上的政治风险也给中国的承包商造成了灾难性的损失,这警示着中国的国际工程承包业面临着巨大的政治风险。遗憾的是,政治风险未能引起足够的重视,很多中国承包商的海外开拓风险管理计划,甚至就没有政治风险的考量。因此,对国际工程项目的政治风险进行有效的评估并采取科学的决策势在必行。

政治风险历来是跨国企业在国际扩张中不可回避的热点问题。后危机时代的跨国企业所面临的政治风险与以往相比更加宽泛更加复杂,其形式也更加多样。中国的国际承包商面临更多的制度障碍和更为复杂的政治风险。而现有的政治风险评估体系不正式、不系统、难以胜任、主观性强、可预测性差,并且许多评估方法是反应性的,而非前瞻性的,存在数据获取困难、信息失真、评估滞后等问题。有鉴于此,本书依托国家自然科学基金课题:国际工程中政治风险的集成度量及智能决策研究:理论、实证及应用(项目编号:71372199)(2014.01—2017.12),对于国际工程政治风险进行了卓有成效的探讨。

本书主要包括如下内容:

(1) 对政治风险的定义、政治风险的影响因素、政治风险的评估、政治风险管理、建筑行业政治风险研究、风险评估、控制及决策等相关理论与方法等方面的研究现状进行了总结与评述。

(2) 对国际工程政治风险的内涵进行了分析和界定。

(3) 基于风险传导理论和脆弱性理论建立了政治风险的形成框架,并识别出了国际工程政治风险的影响因素。

(4) 通过调研收集并分析了300多个国际工程政治风险案例,建立了国际工程政治风险形成路径的拟合模型。探究了不同影响因素以及影响因素之间对国际工程政治风险后果的影响关系。

(5) 将Logistic回归模型与贝叶斯网络相结合,建立了国际工程政治风险智能预测模型。

(6) 从政治风险预防和政治风险处置两个方面研究了国际工程政治风险的对策选择问题,设计了面向承包商的国际工程政治风险管理机制。

本书主要特点:

(1) 本书兼顾理论性和实用性相结合的原则。既从理论角度探讨了国际工程政治风险的形成机理,又结合政治风险的案例和调研资料,从实际应用的角度探讨了应对政治风险的对策。

(2) 本书结合建筑业的行业特色及"中国因素",对中国的国际承包商所面临的政治风险进行量化、模拟和实证,能较好地反映中国承包商面临政治风险的状况。

在本书的撰写过程中参考了许多国内外专家学者的论文和著作,在参考文献中一并列出,笔者向他们表示深深的谢意。特别感谢中国建筑、中国交建、中国水电、中国中铁、中国电建、中江国际等国际知名建筑业企业对本研究提供的案例支持。感谢课题组成员常腾原、吕冰、张磊和纪延光,本书的成稿离不开大家的共同努力。在本书的出版过程中,东南大学出版社的丁丁编辑做了大量细致的工作,同时也感谢江苏省优势学科的专著基金资助,使得本书能顺利出版。

限于笔者的理论水平和实践经验,书中不足之处,恳请读者和专家予以批评指正。

李启明　贾若愚　邓小鹏

2017 年 10 月于东南大学

目 录

1 绪论 ·· 1
  1.1 研究背景及意义 ·· 1
  1.2 国内外研究现状 ··· 3
    1.2.1 关于政治风险的相关研究综述 ··· 3
    1.2.2 风险评估、控制及决策等相关理论与方法综述 ······················· 6
    1.2.3 现有研究的评述及不足之处 ··· 7
  1.3 研究目标、内容及方法 ·· 8
    1.3.1 课题来源 ·· 8
    1.3.2 研究目标 ·· 8
    1.3.3 研究内容 ·· 9
    1.3.4 研究方法和论文结构 ··· 10
  1.4 本章小结 ·· 10

2 国际工程政治风险界定及相关理论基础 ·· 12
  2.1 国际工程的概念及特点 ·· 12
    2.1.1 国际工程的含义 ·· 12
    2.1.2 国际工程的特点 ·· 12
  2.2 国际工程的政治风险的定义与识别 ·· 14
    2.2.1 国家风险(Country Risk)与主权风险(Sovereign Risk) ············· 14
    2.2.2 政治风险(Political Risk) ·· 15
    2.2.3 国际工程的政治风险 ··· 16
  2.3 风险传导理论 ··· 19
    2.3.1 风险传导概念及其传导机理 ··· 19
    2.3.2 风险传导要素 ··· 19
  2.4 脆弱性理论 ··· 21
    2.4.1 脆弱性的概念 ··· 21
    2.4.2 脆弱性与风险 ··· 22
    2.4.3 国际工程项目的脆弱性的内涵 ·· 22
  2.5 本章小结 ·· 23

3 国际工程政治风险的影响因素识别与分析 ·· 24
  3.1 国际工程政治风险形成框架 ·· 24
    3.1.1 国际工程政治风险的传导路径 ·· 24
    3.1.2 国际工程项目的脆弱性 ·· 24

3.2 国际工程政治风险的影响因素识别 ... 25
3.2.1 东道国政治系统的状态 ... 25
3.2.2 国际工程项目的脆弱度 ... 28
3.3 国际工程政治风险影响因素的分析 ... 29
3.3.1 问卷调查综述 ... 30
3.3.2 问卷调查结果 ... 31
3.3.3 验证性因子分析 ... 35
3.4 本章小结 ... 38

4 国际工程政治风险的案例调研及形成路径分析 ... 40
4.1 国际工程政治风险案例收集 ... 40
4.1.1 问卷设计 ... 40
4.1.2 调研过程 ... 42
4.2 案例基本情况分析 ... 44
4.3 国际工程政治风险的形成路径分析 ... 48
4.3.1 结构方程模型简介 ... 48
4.3.2 理论假设模型 ... 50
4.3.3 模型检验与修正 ... 51
4.4 本章小结 ... 57

5 国际工程政治风险智能预测模型建立 ... 58
5.1 国际工程政治风险的智能预测模型框架 ... 58
5.1.1 国际工程政治风险的智能预测模型基本思路 ... 58
5.1.2 Logistic 回归模型简介 ... 59
5.1.3 贝叶斯网络简介 ... 60
5.2 基于 Logistic 回归模型的影响因素筛选和规则提取 ... 63
5.2.1 模型建立 ... 63
5.2.2 模型拟合及拟合结果 ... 64
5.3 基于贝叶斯网络的国际工程政治风险智能预测模型 ... 72
5.3.1 网络结构建立 ... 72
5.3.2 网络参数学习 ... 75
5.3.3 算例分析 ... 79
5.4 本章小结 ... 80

6 国际工程政治风险的对策选择研究 ... 82
6.1 基于敏感性分析的国际工程政治风险预防对策选择研究 ... 82
6.1.1 敏感性分析 ... 82
6.1.2 国际工程政治风险预防对策 ... 94
6.2 国际工程政治风险处置对策研究 ... 99

  6.2.1 系统动力学概述 ·· 100
  6.2.2 国际工程政治风险处置对策效果评估 SD 模型构建 ························· 102
  6.2.3 国际工程政治风险处置对策效果评估 SD 模型结构分析与方程构建 ······ 103
  6.2.4 案例仿真 ·· 108
 6.3 国际工程政治风险管理机制设计 ·· 113
  6.3.1 承包商的国际工程政治风险管理工作内容 ··· 113
  6.3.2 承包商的国际工程政治风险管理工作流程 ··· 115
 6.4 本章小结 ··· 116

7 结论与展望 ··· 117
 7.1 研究结论 ··· 117
 7.2 创新点 ·· 118
 7.3 研究不足与展望 ··· 119

参考文献 ·· 120

附录 ··· 133
 附录 A 国际工程项目政治风险影响因素调查问卷 ·· 133
 附录 B 国际工程项目政治风险案例调查问卷 ··· 135

1 绪 论

1.1 研究背景及意义

中国承包商从1978年开始进入国际工程市场,经过三十余年的曲折发展历程,如今已取得了辉煌的成就。2013年,美国《工程新闻记录》(Engineering News-Record,ENR)恢复对全球250家国际承包商进行排名(自1992年起,ENR将排名从250强缩减到225强),这种变化也从一个侧面反映了有实力的国际承包商规模及数量的迅速增长。在ENR 2015年的榜单中,全球Top 250承包商海外总营业额达到5 215.5亿美元,在国际承包商250强榜单中,中国内地企业占有65个席位,上榜的65家企业共实现海外市场承包收入896.8亿美元,比上年度增加13.5%,占250强海外总收入的17.2%。中国内地企业已经成为国际承包市场上一支重要的力量,其中中国交通建设股份有限公司的海外营业额将近158.27亿美元(ENR排名第5)。另据商务部的统计,2015年,我国对外承包工程的企业4 000余家;工程项目遍布180多个国家和地区;新签合同达到2 100.7亿美元,同比增长9.5%;完成营业额1 540.7亿美元,同比增长8.2%。中国的对外承包工程已成长为超2 000亿美元的国际业务。其中,我国企业共对"一带一路"倡议相关的49个国家进行了直接投资,投资额合计148.2亿美元,同比增长18.2%;我国企业在"一带一路"倡议相关的60个国家承揽对外承包工程项目3 987个,新签合同额926.4亿美元,占同期我国对外承包工程新签合同额的44%。

未来,由于中国国内有限的市场容量、建筑产业大量过剩的产能,以及在"一带一路"战略的支持和推进下,更多的中国承包商将会走向国际市场;中国国际承包商也会在国际工程市场中承揽更多的项目;同时,更多的国际承包商也会由过去的承包项目向投资项目转变。"一带一路"倡议的实施,将促进中国国际承包商对外承包工程业务取得更大的发展,但与此同时,在机遇与挑战并存的国际市场上,政治风险对中国承包商的影响不容忽视。近年来,政治风险曾给中国的承包商造成了灾难性的损失。典型的案例包括:中泰铁路合作项目由于2013年10月的泰国政局变动而陷入停滞,2015年中泰双方重启铁路合作项目谈判,但是2016年3月,泰方单方面宣布完全停止该项目;2015年,项目总金额约44亿美元的"墨西哥城—克雷塔罗"高铁项目,因与中铁建组成联合体的一家墨西哥企业被爆与墨西哥总统家庭存在利益关系,引起反对党和不少民众对于项目的质疑,墨西哥政府宣布取消由中铁建公司组成的联合体的中标;中铁建承建的合同金额达83亿美元的拉各斯至卡诺的铁路项目因尼日利亚政府的更迭而暂停施工;中资巨型水电工程——密松大坝(投资额约36亿美元)被缅甸政府叫停,工地附近还发生多起炸弹爆炸事件,造成了中国工人的伤亡;2011年初开始的利比亚动乱严重影响到中国公司在利比亚所承包的涉及合同金额188亿美元的工程项目。这些案例警示中国的国际工程承包业面临着巨大的政治风险。遗憾的是,政治风险并未引起足够的重视,很多中国承包商的海外开拓风险管理计划,甚至没有政治风险的考量;中国政府每年为鼓励和引导中国企业有针对性地开展对外投资而发布的《对外投资国别产业导向目录》,几乎从不涉及对相关国家的政治风险评估和预测。因此,对国际工程项目的政治风险进行有效的预测、评估并采取科学的决策势在必行。

政治风险历来是跨国企业在国际扩张中不可回避的热点问题。政治风险源于政治事件(如革命、政变、内战等)、社会事件(恐怖袭击、抗议等)、政府行为(如腐败、法律变更及政策规制),以及一些强力社会组织的行为(如工会组织的罢工、环境保护组织的抗议行为),导致国际工程承包商经营环境的改变,政治风险的不确定性对企业的利润带来潜在的巨大影响和不利后果。后危机时代全球经济的衰退加速了国家干预市场的趋势,以及传统因素和非传统因素的相互交织,使得政治风险呈现出高发性、破坏性和复杂性的发展态势。正如Jakobsen(2010)的研究指出:现在的跨国企业所面临的政治风险与以往相比更加宽泛、更加复杂,其形式也更加多样。从国有化、战争内乱、恐怖袭击的极端行为,到较为温和的政府干预行为(如政策法律变更、蚕食性征收),以及环境问题导致的公众反对,各种政治风险以更快的速度、多样化的渠道、在更大的时间和空间范围内进行非线性、连锁性、跨时空的耦合传播。

国际工程项目具有规模大、周期长和地域性等特点,其政治风险体现出鲜明的行业特色,外在的政治风险同工程项目本身所固有的各种风险结合起来。同时,中国承包商的业务主要集中在欠发达地区,所面临的政治风险还体现出鲜明的中国特色,如:"中国因素"与地区冲突、国际恐怖主义、宗教极端主义相结合(如巴基斯坦、阿富汗、苏丹、缅甸等);"中国因素"与当地的"反华排华"情绪相结合(如印度、越南、菲律宾、印度尼西亚等);中国政府与国有企业之间不透明的关系,使得国有企业背景被泛政治化;在意识形态、文化传统、宗教信仰等方面的差异;以及对于中国企业的政府介入(Zhang & Alon, 2010)、国有所有权和政治目的(Globerman & Shapiro, 2009),使得中国的国际承包商面临更多的制度障碍和更为复杂的政治风险(Quer, et al., 2012)。

国内一些学者对国际工程和项目风险管理展开了富有成效的研究(张水波和何伯森,2003;张连营和杜京京,2011;乐云,2004;王雪青,等,2008;付玉成,2012)。但对于国际工程项目的政治风险关注不够,相应的理论研究极为匮乏。在实践中,跨国企业的政治风险评估的水准非常低,且未能形成制度化的评估。Khattab 等(2007)指出:现有的政治风险评估体系不正式、不系统、难以胜任、主观性强、可预测性差,并且许多评估方法是反应性的,而非前瞻性的,存在数据获取困难、信息失真、评估滞后等问题,难以实现对政治风险的主动预测。

本书研究的理论意义:深入揭示国际工程中政治风险(Political Risk in International Projects)的形成机理,探寻政治风险关键影响因素,应用风险传导理论、脆弱性理论、数据挖掘理论、贝叶斯网络理论、系统工程理论等多学科交叉技术对国际工程中政治风险进行预测,对不同风险情景下的风险对策效果进行评价。

本书研究的现实意义:结合建筑业的行业特色及"中国因素",对中国的国际承包商所面临的政治风险进行量化、模拟和实证,研究成果将有助于中国承包商在国际工程项目合同签订前后和项目进行过程中,对该项目可能面临的政治风险进行中期到短期的风险预测和风险应对。

1.2 国内外研究现状

1.2.1 关于政治风险的相关研究综述

1) 政治风险定义

政治风险是一种非常主观和具有业务特异性的风险(Ashley & Bonner,1987)。由于风险和风险源的多样性(Simon,1982),虽然政治风险在相关研究和国际商业活动中经常被提及,但是还没有一个广为接受的确切定义(Fitzpatrick,1983;Mortanges & Allers,1996)。

根据文献,政治风险的定义可以分为两种,第一种也是最常见的一种是将政治风险定义为由于政治事件(Root,1972)或政府行为(Aliber,1975)导致不利后果的风险,这种定义重点强调政治介入行为(Zhuang, et al.,1998)所带来的不利后果。第二种政治风险的定义着重强调经营环境的变化和不连续性,Robock(1983)给出了一个政治风险的详细定义:政治风险是指由于政治变化的原因,经营环境发生难以预料的不连续性。Robock(1983)进一步说明不能导致经营环境变化的政治环境的波动不能被视为政治风险。Shawtah(2013)认为,政治风险是将商业目标和战略代入不利方向的政治事件。Gabor 和 Kudrna 等学者(2013)将政治风险定义为由于当局的政策行动使投资遭受损失的风险。世界银行将政治风险定义为公司的运营因受到政治力量或政治事件影响而中断的可能性,在东道国内部,政治风险往往由政府、政治组织、少数团体、分离主义组织等的行为的不确定性所引起。可以看出,以上对于政治风险的定义包含三个基本方面:①由东道国政治当局的行为所引起;②使跨国公司的经营环境发生不利变化;③对跨国公司的经营目标带来不利影响。

"国家风险"(Country Risk)和"主权风险"(Sovereign Risk)在文献中也经常出现,用来表示国际贸易中在国外经营中的风险。"国家风险"是指中央政府或地方政府层面发生的威胁到跨国公司的盈利能力的经济政治事件,而这种事件一般是由公司或行业的外部力量所导致的(Robock,1983)。"主权风险"通常发生于东道国的国家层面(Oetzel,2005),是由于中央政府的行为或不作为所导致的(Henisz & Zelner,2003)。

2) 政治风险影响因素研究

政治风险的成因复杂、影响因素众多,既可能来自于东道国国内,也可能源于跨国企业的母国、第三国及全球政治和经济环境的影响,以及东道国政府与跨国企业双方的相对议价能力(Haner,1979;Ramamurti,2001)。从国家层面来看,政治风险的影响因素主要有:东道国的政治体制和政权稳定性、经济发展状况、社会收入和财富的分配、文化差异和宗教信仰、语言的多样性,以及政府对经济的干预等许多因素的影响(Khattab, et al.,2007;Jose & Neckar,1988;Howell & Chaddick,1994),López 和 Vidal(2013)的研究显示东道国和母国之间的文化差异与投资所面临的政治风险呈现正相关的关系,政治风险也受到外部国际环境的影响,如贸易争端、禁运及制裁、东道国与母国、周边国家及其他一些国家和国际组织之间的关系等(Quer, et al.,2012;Ring, et al.,2005;Alon & Martin,1998;Agarwal & Feils,2007)。从行业层面来看,不同行业所面临的政治风险也不尽相同,行业的竞争度、成熟度、集中度及其在国民经济中的地位也都影响到其政治风险水平的高低

(Kennedy,1988)。从微观层面而言,企业及项目的特性也都会影响到其所承受的政治风险水平,如企业的国籍、背景和文化、企业及其子公司的区位规模和技术水平、子公司在东道国所处的区位、企业的资本结构、国际化程度和本地化程度,以及企业与东道国政府、社会组织及当地民众之间的关系等都是影响企业的政治风险水平的因素(Ashley & Bonner, 1987; Jose & Neckar, 1988; Kesternich & Schnitzer, 2010; Benesova & Anchor, 2013)。国际工程项目本身的一些内在特性,如项目的规模大小、工期长短、资金来源、合同条件、技术和管理的复杂性等也是影响其政治风险水平的重要因素(Quer, et al., 2012; Ashley & Bonner, 1987; Baloi & Price, 2003; Ozorhon et al., 2010)。

3) 政治风险评估

现有的对于政治风险的评估多集中于国家宏观环境层面。一些国际权威机构发布了相关的评估报告,比较有代表性的有:国际国家风险指数(ICRG)、商业环境风险评估公司(BERI)、经济学人杂志智库(EIU)和欧洲货币论坛(Euromoney),以及一些其他主要评级机构,包括标准普尔、穆迪和惠誉。这些评级机构的评价都基于相关变量的权重设置。虽然这些评级机构将其评价内容命名为国家风险,但他们都把政治风险作为其中的关键因素。如表1-1所示。

表1-1 权威政治风险评级机构及评级内容

指标	内容
ICRG	包含3个次级指标,分别是政治风险指标(100分)、财务风险指标(50分)和经济风险指标(50分)
BERI	其中政治风险被着重强调,具体指标包括:政治势力及权力、限制性措施、民族与宗教势力、意识形态、社会情况、极左势力、敌对国家
EIU	以7年的历史数据为基础,包含众多指标,对众多国家进行国家风险和政治风险的评级
Euromoney	主要指标包括:政治风险(30%)、经济表现(30%)、资本市场(10%)、贴现损失(10%)、信用等级(7.5%)、债务(7.5%)、债务违约(5%)

国内则从2005年之后,有北京工商大学世界经济研究中心编制的"国际贸易投资风险指数",该指数对100多个国家从政治风险、经济风险、政策风险和支付风险四个方面分析国际贸易投资风险状况;以及中国出口信用保险公司的"国家风险分析报告",该报告对全球190多个主权国家的风险水平进行评估。从行业层面来看,对政治风险的评估则主要有金融行业的CAMEL模型(Belcsak, 1987)、美国银行模型(Howell, 1998)、石油行业的IHS模型等(Prasad, et al., 2012)。此外,一些大型的跨国企业建立了自己的评价指标和体系,如荷兰的壳牌集团、英国石油公司、美国的通用汽车和克莱斯勒公司。Mortanges和Allers(1996)、Agarwal和Feils(2007)以及Khattab等(2008)分别对加拿大、荷兰、约旦的一些跨国公司所面临的政治风险进行了分析和评价。Tsai和Su(2005)则对东亚五大港口经营的政治风险进行了分析,并建立了一套评价指标体系。Bjelland(2012)对利比亚石油行业的关键政治风险因素进行了识别和评估。Agliardi等(2012)对新兴国家投资市场的政治风险指数进行了研究。Sottilotta(2015)对比和分析了经合组织、EIU、BERI等多个机构的政治风

险评级系统对"阿拉伯之春"(2010年开始发生在阿拉伯世界,波及多个阿拉伯国家的政治和社会动荡)的预测能力,指出这些机构的政治风险评级系统的预测能力有限,并提出对政治风险的评估应具有更多的前瞻性,体现出更多的地域特点。

4) 政治风险管理

许多学者从不同的角度对政治风险的管理进行了深入的研究。Mohamed(2012)对埃及的PPP项目的政治风险分担进行了研究。Hainz和Kleimeier(2012)指出在政治风险较高的环境下,使用开发银行贷款以及无追索的项目融资方式可以缓和政治风险。Moen(2012)从企业的社会责任角度研究了政治风险的转移。Bharathy和Silverman(2012)应用社会系统模型对政治风险管理进行了研究。Braga-Alves和Morey(2012)的研究显示,较高的政治风险对企业提高其治理水平具有驱动力,且企业较高的治理水平可以有效降低政治风险。Jiménez和Delgado-García(2012)指出,对政治风险的主动的、前瞻性的管理可以有效提高公司业绩。Luthans和Doh(2003)则建议可以从提高企业相对议价能力(Relative Bargaining Power),以及保护和防御的两种途径来控制政治风险。Lai(2002)将政治风险的30个管理措施归为被动的、温和的和主动的三类。Hillman和Hitt(1999)构建了基于途径、参与水平和战略的三维选择模型。Alon和Martin(1998)分析了在较高政治风险水平的国家和地区,跨国企业宜采取低风险进入模式,如可以采用移动进入模式而不是永久进入模式。Kennedy(1988)针对政治风险管理提出了包括适应、游说、分享、服务和回避五种政治风险策略。Conway(2013)研究了跨国公司关注东道国政府行为以及管理东道国利益相关者关系对降低政治风险的重要意义。Putte等(2012)指出石油和天然气投资由于大多在非经合组织成员国且属于资金密集型,面临了巨大的政治风险,以及如何通过政治风险投保来规避和缓和政治风险。Iftinchi和Hurduzeu(2016)探讨了政治风险保险在跨国公司政治风险管理中的作用,并指出政治风险保险的局限性表现在市场波动性、高溢价率和低收益三个方面。还有其他学者对政治风险的担保、联营体方式和本地化策略等进行了探讨。

上述这些对于政治风险的研究多立足于一般国际业务,其研究对象为对外直接投资(Foreign Direct Investments,FDI)、跨国企业(Multinational Enterprises,MNEs)和国际联营体(International Joint Ventures,IJVs),其研究层次多为国家和行业层面。

5) 建筑行业政治风险研究

相比国际贸易中对政治风险的广泛而深入的研究,针对建筑行业或工程项目的政治风险的研究显得极为匮乏。Ashley和Bonner(1987)分析了政治风险的来源及其对于项目实施的现金流的影响。Wang等(2000)探讨了中国的PPP项目实施中涉及政治风险的相关合同条款。Khattab等(2008)分析了约旦的国际工程项目所面临的政治风险,并指出东道国社会及国际关系是影响政治风险水平的重要因素。Ling和Hoang(2010)分析了国际承包商在越南所面临的政治、法律和经济风险。Smith和Gannon(2008)及Voelker等(2013)则分别对英国的PPP项目和印度尼西亚的电力项目的政治风险状况进行了分析。对于工程项目政治风险评价模型方面,则有神经网络模型和QQIR模型。Goedert和Sekpe(2013)给出了一个考虑政治风险因素的工程项目的实施计划制定方法的基本框架。Deng和Low(2013)对政治风险影响因素进行了总结,从国际环境、东道国、产业、项目和承包企业五个方面共计识别了85个国际工程项目政治风险的影响因素,进而对其中的关键影响因素进行了识别,并以中国承包商为例进行了案例分析。Deng等学者(2014)通过因子分析识别出三个阶段共六个步骤国际工程项目政治风险管理措施,包括项目开始前的政治风险评估、战略选择,风险事件发生前的环境适应、对政治风险的监控和防范,以及风险事件发生后的政治风险处置和后评估。Olukemi 等学者(2014)通过对 58 个国际承包商的调研分析得出,东道国为非洲国家的国际工程项目所面临的政治风险主要有繁文缛节、政府不稳定、腐败、行政效率低下、政策不确定性、极端政治势力、政府过度干预等。Shan 等学者(2015)则重点研究中国大型公共建筑项目中所面临的腐败问题。Liu 等学者(2016)通过对中国国际承包商的案例分析得出,与东道国政府相关的风险对国际工程项目成本质量和进度目标的实现具有最为显著的负向影响。

1.2.2　风险评估、控制及决策等相关理论与方法综述

1) 关于风险及脆弱性、弹性等概念及相关理论

传统的风险理论中,风险多被表征为风险事件所造成的潜在后果的严重程度与发生的可能性之乘积(即:Risk＝Severity×Possibility),但忽视或低估受灾体(如工程项目系统)本身的特性及受灾体的能动性作用。Birch 和 McEvoy(1992)认为当外在的威胁(Threat)和内在的脆弱性(Vulnerability)重叠时就产生了风险。脆弱性反映了系统的内在特征,不依赖于外在威胁,但却为外在威胁所利用(如同计算机病毒利用系统漏洞、细菌侵袭伤口),体现了系统在外在威胁下的易损性。本研究中,国际工程项目的政治风险是政治事件对项目经营环境造成的威胁与项目系统脆弱性共同作用的产物,即:Risk ＝ f(Threat, Vulnerability)。

脆弱性理论已被应用于工程项目管理领域(Zhang,2007)。一些学者从不同的角度来描述和研究系统的脆弱性,如风险暴露、敏感性、能力、弹性、健壮性、适应性和恢复等(Vogel, et al., 2007；Haimes, 2009),研究从不同的视角、面对不同的问题和层次,提出了降低系统脆弱性的理论和方法。Deng 和 Low(2013)将脆弱性理论与竞争优势理论结合起来,从风险暴露(Exposure)和能力(Capacity)两个维度(各包括三个次维度)对工程项目系统在政治威胁背景下的脆弱性状态进行了测度。

弹性概念源于物理学,是指物体受外力作用发生形态变化,除去作用力能恢复原来状态的性质。弹性体现了系统在外界环境不稳定下的维持和适应能力(Adger, 2003),以及恢复平衡的速度和能力(Haimes, 2009)。一些学者研究利用企业弹性克服其脆弱性进而形成竞争优势(Sheffi, 2013),以及面临恐怖袭击时的企业弹性研究。赵林度(2009)则将生物细胞弹性的思想引入供应链风险管理体系,研究了供应链细胞弹性模型、弹性系数和临界态。

2) 关于风险分析、预测和控制的相关理论和方法

传统的风险研究多侧重于单个风险因素,这种方式无法构造所研究问题的整体框架,同时局限于风险量化的简单叠加,难以反映各种风险变量的相互关系。基于风险网络(Risk Network)的观点进行风险分析和评价逐渐成为一种趋势,从风险网络的角度去研究不同风险因素的相互联系。相应的研究主要有:复杂网络理论(Brookfield & Boussabaine, 2009)、风险链(西宝和李一军,2002)、风险路径(Ozcan et al., 2011)和基于约束理论的关键链技术(王元明和赵道致,2008),以及应用影响图理论进行风险分析(石晓军和任志安,2000)。贝叶斯网络因具有强大的不确定性问题处理能力而被广泛应用于大型项目的风险评估中(李良和戎凯,2010)。McKelvey 和 Andriani(2010)指出一些极端风险事件的形成具有典型的

复杂网络结构特征。

人工神经网络技术、系统动力学已经应用于预测系统,案例推理、模糊推理、规则推理和混沌理论等也逐渐用于预测领域(Herrero, et al., 2011;肖利民,2006;崔啸,等,2011)。信息技术和决策技术越来越多地应用于风险管理的研究中,如范例推理(Case-based Reasoning,CBR)、规则推理(Rule-based Reasoning,RBR)、贝叶斯网络推理(Bayesian Network Reasoning,BNR)、数据挖掘技术(Data Mining)、数据仓库技术(Data Warehouse)、数据库知识发现技术(Knowledge Discovery in Database,KDD)、模拟仿真技术、决策支持系统(Decision Support System,DSS)等(Lu, et al., 2013;Caron, et al., 2012;Sousa & Einstein, 2011;Chen, et al., 2012;Cheng, et al., 2012;Hopkins, 2011;Chao & Marle, 2012)。这些理论和方法为本研究提供了很好的借鉴。

3) 数据挖掘方法应用于风险管理

数据挖掘的过程就是知识发现(Knowledge Discovery in Database)的过程。数据挖掘就是从数据库中积累的大量数据中自动发现隐含的、新颖的、对管理决策具有潜在价值的知识,并找出这些数据之间潜在的依赖关系(Fayyad, et al., 1996)。数据挖掘的诞生和发展是建立在数据库技术、人工智能和机器学习等多种学科发展的基础之上的。数据挖掘方法主要包括:决策树方法、概念树方法、粗糙集方法、神经网络方法、遗传算法、统计分析方法、模糊论方法等。这些方法分别从不同的角度进行数据挖掘和知识发现,当然一个完善的数据挖掘系统通常采用多种技术,结合它们各自的优点设计出有效的、集成的技术。

Herrero 等(2011)采用基于神经网络的数据挖掘方法对跨国企业的政治风险进行了分析。Ahiagadagbui 和 Smith(2014)使用基于神经网络的数据挖掘方法建立了建设工程项目成本超支的预测模型。Cheng 等(2012)使用基于相似系数聚类分析的数据挖掘方法建立了水利工程项目的风险预警系统。Hu 等(2013)基于302个案例数据利用贝叶斯网络方法建立了软件项目风险的因果关系挖掘框架。Bohacik 和 Davis(2013)研究了基于模糊规则的知识发现系统在心血管病人的风险评估中的应用。Leu 和 Chang(2015)结合故障树和贝叶斯网络,构建了钢结构工程施工现场人员坠落风险的评估模型。Chen 等学者(2015)将 Logistic 回归模型与贝叶斯网络相结合,通过 Logistic 回归模型识别出的关键因素建立贝叶斯网络结构,从而建立了车辆追尾事故的预测模型。数据挖掘方法已成为风险相关研究应用的重要方法之一。

1.2.3 现有研究的评述及不足之处

虽然国内外一些学者对于政治风险进行了广泛而深入的研究,但对于国际工程项目所面临的政治风险的研究不系统、也不深入。具体而言,其不足之处体现在以下几个方面:

(1) 有关建筑行业及国际工程的政治风险研究极为匮乏。既有的研究多以国际贸易中的一般业务(如 FDI、MNEs 和 IJVs)为研究对象,难以体现建筑业的行业特色及国际工程项目的特性。

(2) 对于多样化的政治风险的研究未能建立一个统一的分析框架。特定类型政治风险之间共生演化机理研究不够,缺乏对于整体政治风险水平进行测度的分析框架。

(3) 没有形成完整的政治风险对于国际工程项目系统影响的预测方法。从国家、行业、企业和项目层面对于政治风险的研究未能有效整合,且未能考虑作为风险承担者——承包商的能动作用。

(4) 对政治风险对策缺乏系统的研究。现有对政治风险对策的研究停留在定性分析层面,缺乏定量的系统的分析研究,缺少对不同风险情境下政治风险对策有效性的评价。

1.3 研究目标、内容及方法

1.3.1 课题来源

本研究受国家自然科学基金面上项目"国际工程中政治风险的集成度量及智能决策研究:理论、实证及应用"(71372199)资助。本书拟解决课题中政治风险形成机理、政治风险预测模型和政治风险管理的情景对策模型等问题。

1.3.2 研究目标

收集大量国际工程政治风险事件,建立国际工程政治风险案例库;以案例研究、问卷调查和文献研究为基础,识别国际工程中政治风险的影响因素,根据国际工程政治风险影响因素的宏观微观特性,将其分为环境威胁度指标和项目脆弱度指标,研究国际建筑业所面临的外在政治风险的威胁性、国际工程项目系统对于政治风险的内在脆弱性,以及二者的耦合作用,探究国际工程政治风险的形成路径、形成机理及其影响因素之间的关系,从而建立国际工程政治风险的初步预测指标体系;针对国际工程政治风险的初步预测指标体系,以问卷的方式收集大量国际工程政治风险事件,建立国际工程政治风险案例库;分析指标体系对不同类型政治风险事件的相关性,找出不同政治风险事件的关键预测指标,建立国际工程政治风险的预测模型;最后识别政治风险应对的可行策略,并对这些对策在不同风险情境下的有效性进行评估,提取出不同风险情境下采取风险对策的规则,为中国的承包商开展国际工程业务时应对政治风险提供理论支持和决策参考。

本书的主要研究目标是能够解决下列问题:

1) 如何界定国际工程政治风险

界定国际工程的概念和特点,对国家风险、主权风险和政治风险的概念进行辨析,以此为基础分析国际工程政治风险的内涵,并对国际工程政治风险进行识别和分类。为政治风险的分析和预测提供理论基础。

2) 如何分析国际工程政治风险的形成路径

建立国际工程政治风险由最初状态发展为风险后果的理论框架,在理论框架的基础上结合文献研究对国际工程政治风险的影响因素进行识别,建立国际工程政治风险形成路径的理论模型,并利用案例数据对理论模型进行验证和修正。

3) 如何预测国际工程政治风险

识别不同种类政治风险的关键影响因素,建立国际工程政治风险预测的贝叶斯网络模型,通过案例数据对网络参数进行训练,实现国际工程政治风险的智能预测。

4) 如何预防和处置国际工程政治风险

将国际工程政治风险对策划分为政治风险事件发生前的预防对策和政治风险事件发生

后的处置对策分别进行研究。评估国际工程政治风险预防对策和处置对策在不同情景下的有效性,建立国际工程政治风险的对策选择模型。

1.3.3 研究内容

1) 国际工程政治风险的内涵界定和识别

通过大量文献和案例研究,分析国际工程的含义、国际工程的特点,对国家风险、主权风险和政治风险进行辨析,并确定政治风险的定义。从政治风险产生的来源出发,从东道国政府因素、东道国社会因素和国际关系三个方面对国际工程所面临的政治风险类型进行识别和分类。

2) 基于风险传导理论和脆弱性理论识别国际工程政治风险的影响因素

基于风险传导理论和脆弱性理论建立政治风险由最初的状态发展为风险后果的形成框架,并基于该框架识别国际工程政治风险的影响因素。根据国际工程政治风险影响因素的宏观微观特性,将其分为环境威胁度指标和项目脆弱度指标。其中,环境威胁度指标为在政治风险影响下表征工程项目经营环境劣化的因素,为项目所在国家和地区的社会政治环境相关的宏观因素;脆弱度指标包括项目的风险暴露性和风险抗性两个方面,为国际工程项目自身属性的微观因素。对影响因素的重要性进行问卷调查,从而验证影响因素的合理性和科学性。

3) 基于结构方程模型研究国际工程政治风险后果的形成路径

针对国际工程政治风险的影响因素,进行案例数据收集。对与项目、承包商、政治风险相关的微观指标,采用问卷的方式进行案例数据收集;对东道国相关的宏观指标,则采用世界银行国际机构的评估数据进行案例数据收集。使用案例数据对国际工程政治风险后果形成路径的理论模型进行拟合和修正,建立国际工程政治风险后果的形成路径的结构方程模型,从而探究不同影响因素之间的关系,以及影响因素对国际工程政治风险后果的影响关系。

4) 基于 Logistic 回归模型与贝叶斯网络,建立国际工程政治风险智能预测模型

将 Logistic 回归模型与贝叶斯网络相结合,建立国际工程政治风险智能预测模型。通过 Logistic 回归模型的分析识别出与政治风险直接相关的变量,通过 Pearson 相关性分析识别出间接相关的变量,进而建立国际工程政治风险预测的贝叶斯网络结构。使用案例数据作为样本,对贝叶斯网络进行参数学习,最终建立国际工程政治风险智能预测模型,并验证模型的鲁棒性。

5) 从政治风险预防和政治风险处置两个方面研究国际工程政治风险的对策选择问题

以已经建立的国际工程政治风险智能预测模型为基础,分析政治风险影响因素对政治风险事件发生概率的敏感性,确定出对风险事件发生概率贡献较大的因素。通过文献研究建立国际工程政治风险预防对策集,根据不同政治风险类型的敏感性分析结果,将政治风险预防对策和每一种政治风险类型相匹配,从而建立针对不同类型政治风险事件的预防对策集,并将预防对策按效果排序。针对政治风险处置对策,基于已经建立的国际工程政治风险后果的形成路径模型,并参考其他相关研究,综合考虑国际工程政治风险处置对策生效过程中的各种因素和因素关系,建立系统动力学模型。对国际工程政治风险处置对策的生效过程进行模拟和仿真,从对策生效概率和对策效果两个方面评估处置对策的效果。

1.3.4 研究方法和论文结构

本书各研究内容之间构成一个有机整体，共同实现预定的研究目标。本书各部分之间的联系，以及所依据的理论和采用的方法，可以用图1-1所示的技术路线图和图1-2所示的框架结构来表示。

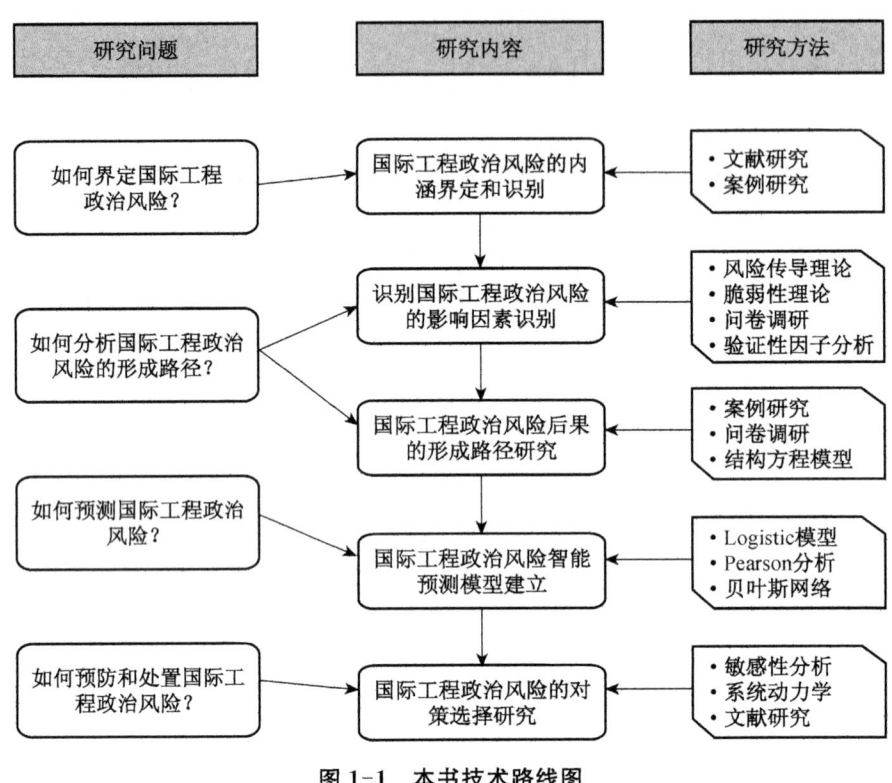

图1-1 本书技术路线图

1.4 本章小结

本章阐述了政治风险对中国承包商的国际工程承包业务的重要影响，强调了对国际工程政治风险进行系统研究并结合中国因素的重要意义。通过详细的文献综述，对政治风险的定义、政治风险的影响因素、政治风险的评估、政治风险管理、建筑行业政治风险研究、风险评估、控制及决策等相关理论与方法等方面的研究现状进行了总结与评述。指出对于国际工程项目所面临的政治风险的研究不足主要体现在：有关建筑行业及国际工程的政治风险研究极为匮乏；没有形成完整的政治风险对于国际工程项目系统影响的预测方法，从国家、行业、企业和项目层面对于政治风险的研究未能有效整合，且未能考虑作为风险承担者——承包商的能动作用；对政治风险对策缺乏系统的研究，现有对政治风险对策的研究停留在定性分析层面，缺乏定量的系统的分析研究，缺少对不同风险情境下政治风险对策有效性的评价。针对现有研究的不足之处，本章明确了本书的研究目标和研究内容，并建立了本书的研究框架和技术路线（图1-2）。

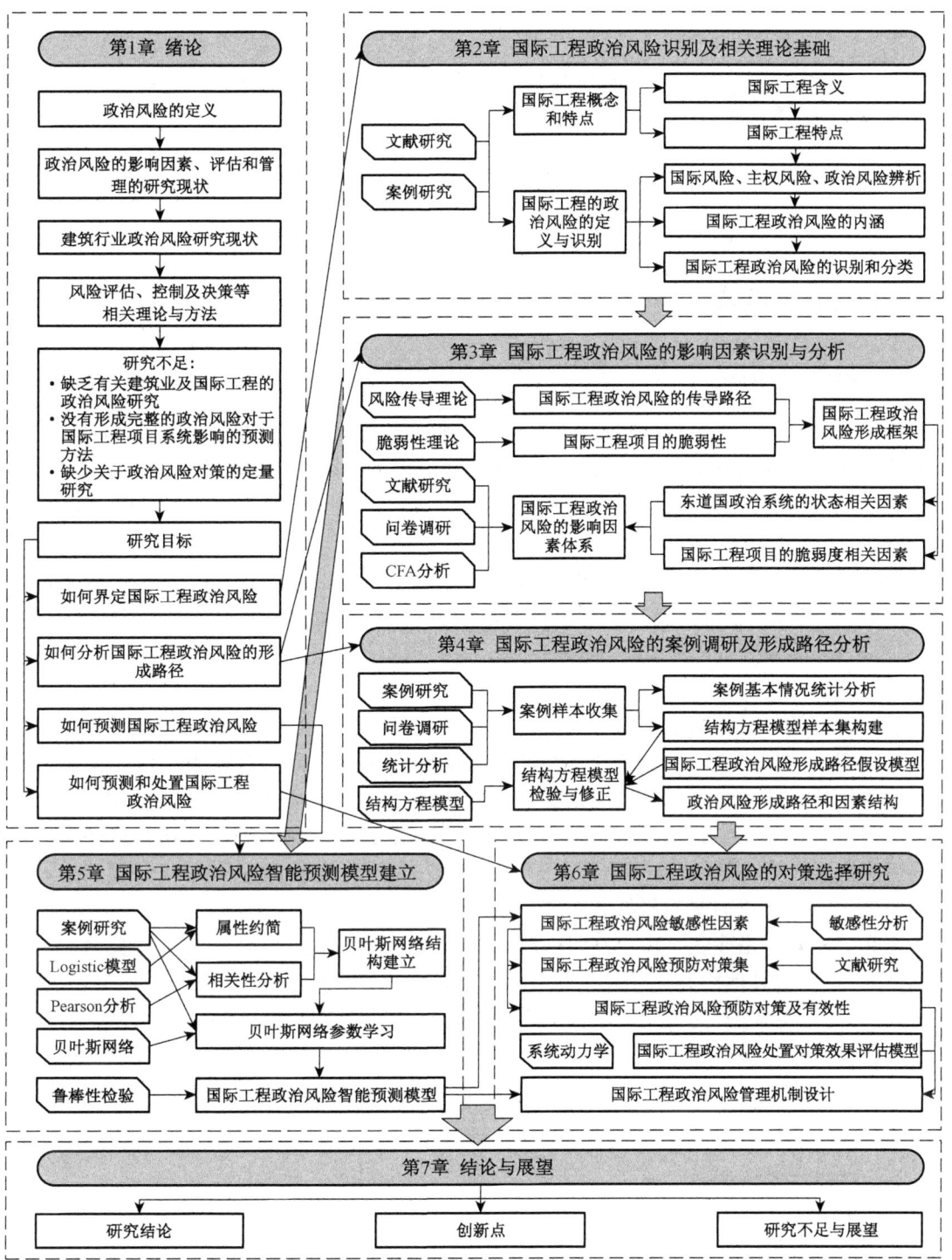

图 1-2 本书框架图

2 国际工程政治风险界定及相关理论基础

2.1 国际工程的概念及特点

2.1.1 国际工程的含义

国际工程是指一个工程项目从咨询、融资、规划、设计、施工、管理、培训以及项目运营等各个阶段的参与者来自不同的国家,并且按照国际通用的项目管理模式和方法进行管理的工程(李启明,等,2010)。国际工程既包括国际市场上的国际工程,也包括中国市场上的国际工程。

国际工程的范围主要包括工程咨询(Consulting)和工程施工(Construction)两大部分。工程咨询主要包括项目可行性研究、项目评估和分析、项目规划和设计、项目招标及文件编制、工程监理、项目管理等工作内容;工程施工主要包括材料设备采购、工程施工、工程分包、工程劳务等工作内容。

国际工程是一种高层次的国际经济合作方式,包括资本、商品、技术、设备、劳务的输出;是世界范围的生产要素的优化组合,优势互补,能够实现参与方的双赢或多赢。加入 WTO 后中国的建筑市场也是国际市场的重要组成部分,同时也为中国的承包商开拓国际市场提供一个广阔的国际空间和舞台。承包商可以学习国际承包商的先进技术和管理经验,争取与国际跨国企业合作的机会,解决我国劳动力过剩的问题,取得战略资源和合理利润,促进我国经济、社会、环境的全面可持续发展。

国际工程承包是业主(Owner)和承包商(Contractor)之间的一种经济合作关系,是通过国际招标、投标或其他协商途径,由国际承包商以自己的资金、技术、劳务、设备、材料、管理、许可权等,为业主实施、完成工程项目或办理其他经济事务,并按事先商定的合同条件收取费用的一种国际经济合作方式。

依据以上概念,本书所指的国际工程被限定为:中国承包商在国际市场上所承揽的以工程施工为主要内容的工程项目。

2.1.2 国际工程的特点

一般项目的特点是一次性、唯一性、项目目标的明确性和实施条件的约束性。工程项目比一般项目复杂,其特点是技术复杂程度高、整体性强、工程建设周期长,不可预见因素和不确定性多;工程开工后很难逆转,受工程所在地的自然条件制约;还要受当地政府的管理和干预等。国际工程是在不同法律环境、经济环境、社会环境、文化环境和技术环境下,按照国际惯例进行建设、管理和运作的特别复杂的工程活动,是在更大范围同时又是更加激烈的国际竞争环境中进行的。由于国内外工程管理理念的差异,对业主和承包商都有特殊的要求。国际工程的特点主要表现在以下几个方面:

(1) 跨国经济活动(Transactional Economical Activity)。国际工程涉及资本、科技、劳动力、经济信息和现代化管理在国际上的流动,这种流动实质是就是国际上的广泛合作。国际工程涉及不同的国家,不同的政治、经济、文化和法律背景,不同的民族和宗教信仰,不同的参与方及其国家利益,因而各方不容易相互理解,常常会产生矛盾和纠纷。

(2) 合同主体的多国性(The Different Nationalities of Contract Parties)。国际工程的合同主体通常属于不同的国家,受多国不同法律的制约,而且涉及的法律范围极广。一个大型国际工程的参与者往往来自多个不同的国家,虽然它们之间的责权利由各自的合同来限定,但这些合同中的条款并不一定与各自国家的法律法规或惯例相一致,这就使得项目各方主体对合同条款的理解易于产生歧义。

(3) 严格的合同管理(Strict Management of Contract)。国际工程的参与者不能完全按某一国的法律法规或靠某一方的行政指令来管理,而是采用国际上多年形成的严格的合同条件和国际惯例来进行管理。来自不同国家当事人的责权利规定全部体现在合同中,因而一般均采用国际上权威组织或项目所在国编制的合同范本,而合同中的未尽事宜通常应受国际惯例的约束,以使产生争端的各方尽可能取得一致和统一,因而合同管理要求十分严格。

(4) 风险和利润共存(Coexisting of Risk and Profit)。国际工程受到政治、经济、社会等因素影响明显增多,风险相对增大。如国际政治经济关系变化引起的制裁和禁运,某些资金来源或国外的项目资金减少或中断,某些国家对承包商实行地区和国别限制或歧视政策,工程所在国与邻国发生边境冲突,由于政局形势失稳而可能发生内乱或暴乱,由于经济状态不佳而可能出现金融危机等,都有可能使工程中断或造成损失。由于在一个相对陌生的国家,每次接触不同的业主、工程师、承包商和供货商,各国法律、各国政府对外国承包商管理规章和要求不同,再加上陌生或恶劣的自然条件,因而国际工程项目存在的风险更大,但获利的可能性和空间也相应增大。

(5) 技术规范、标准庞杂。国际工程中材料、设备、工艺等的技术要求,通常采用国际上被广泛接受的标准、规范和规程,如 ANSI(美国国家标准协会标准)、BS(英国国家标准)等,但也涉及所在国使用的标准、规范和规程。还有些发展中国家经常使用自己的尚待完善的暂行规定。技术规范、标准的庞杂性无疑会给工程的实施带来一定的困难。

(6) 货币和支付方式的多样性。国际工程支付将会涉及多国货币。例如承包商要使用国内货币来支付国内应缴纳的费用和开支,要使用工程所在国货币支付当地费用,还要使用多种外汇用于支付材料、设备采购费用等。国际工程除现金和支票支付手段外,还有银行信用证、国际委托、银行汇付等多种支付方式。由于业主支付的货币和承包商使用的货币不同,而且是在整个工期内按时间或工程形象进度支付,这就使承包商时刻处于货币汇率浮动和利率变化的复杂国际金融环境中。不熟悉或者不善于审度和分析国际金融形势变化的承包商,即使其施工技术和施工能力很强,也可能因国际金融财务管理对策不当而造成失败。

(7) 发达国家市场占有率高(High Market Rate Occupied by the Developed Countries)。由于发达国家进入国际市场早,加上理念、规则、标准、技术、设备、资金、人才等方面的优势,发达国家的国际市场占有率高,工程咨询市场占有率在90%以上,工程施工市场占有率在80%以上,近30年来基本没有改变,其他国家要经过艰苦的努力才能在国际建筑市场上占有一席之地,同时外国承包商进入发达国家建筑市场的难度也相当大。

2.2 国际工程的政治风险的定义与识别

2.2.1 国家风险(Country Risk)与主权风险(Sovereign Risk)

1) 国家风险

国家风险的概念最初起源于20世纪50年代国际银行的跨境业务(张明,2014)。当时,在某一国家金融机构提供贷款给另一个主权国家或本国的境外企业时,可能出现的海外信贷风险就称为国家风险,或称主权风险。1978年,Nagy(1978)提出了一个后来被广泛使用的国家风险定义:所谓国家风险是指"跨边界贷款中导致损失的风险,这种损失是由某个特定国家发生的事件所引起,而与企业或个人无关"。

此后,以Meldrum(1999)为代表的西方学者对国家风险的研究领域远远超出了国际债务问题,国家风险的内涵得到扩展。Meldrum(1999)提出了能够反映国家风险特征的定义:所有交易活动都面临不同程度的风险,当发生跨国交易活动时,会面临国内不曾有过的风险,这种风险就是国家风险。

按照经济合作与发展组织(OECD)的观点(Levit, 2004),国家风险包含五个基本要素:①由债务人的政府或政府机构发出的停止付款的命令;②由经济事件引起的贷款被禁止转移或延迟转移;③法律导致的资金不能兑换成国际通用货币或兑换后不足以达到还款日应有的金额;④任何其他来自外国政府的禁止还款措施;⑤包括战争、没收、地震、瘟疫和洪水等方面的不可抗拒力。

Swiss Bankers Association编写的 *Guidelines for the management of Country Risk* 中认为,国家风险源于国别政治和经济形势变化而导致的外方风险暴露程度的变化。

中国学者曹荣湘提出国家风险可以宽泛地定义为:国家风险是国际资本流动中面临的、因受特定国家层面事件的影响而使资本接受国不能或不愿履约,从而造成债权人或投资人损失的可能性。

2) 主权风险

一种观点认为,所谓主权风险,是指一个国家政府未能履行其债务所导致的风险(Claessens & Embrechts, 2003; Cantor & Packer, 1996)。其特征主要有三点:一是偿付意愿在主权风险中占据重要位置。在通常情况下,私人部门债务主要因能力问题而违约。对于一个国家来说,能力问题一般不是真正的问题,在很多情况下,违约是偿付意愿的问题。二是主权政府如果不履行债务,债权人可能得不到任何补偿,或者只能得到有限的赔偿。三是主权政府的债务往往缺乏外来的有效担保,因为主权本身通常被预设为最终担保人(Flandreau, et al., 2011)。

另一种关于主权风险的定义,是把它当做由国家干预所造成的风险。例如,标准普尔把主权风险定义为:主权国家采取行动以直接或间接影响债务人履行其义务的能力和意愿(曹荣湘,2003)。

3) 二者关系

对于国家风险与主权风险之间的关系,国家风险是一个比主权风险更大的概念,而后者仅仅被局限于给一个主权国家提供贷款的风险(Claessens & Embrechts,2003)。

穆迪(2012)认为,国家风险可通过主权评级来加以衡量,而主权评级并不是对一个政府信用价值的直接评估,而是对一国公共部门和私人部门的债务偿还能力和意愿的综合评估。也就是说国家风险的范畴要大于主权风险。

2.2.2 政治风险(Political Risk)

政治风险是一种非常主观和具有业务特异性的风险(Ashley & Bonner,1987)。由于风险和风险源的多样性(Simon,1982),虽然政治风险在相关研究和国际商业活动中经常被提及,但是还没有一个广为接受的确切定义(Mortanges & Allers,1996;Messenguy,et al.,1983)。

有的学者认为,政治风险是指接受外国投资的东道国所发生的政治因素变化,而给国际投资活动可能带来经济损失的风险(范剑虹,2000)。有的学者认为,政治风险是由于借款国发生某些政治性意外事件而引起的风险,例如,由于借款国发生战争、革命或内乱,致使外国投资或贷款企业及其资产遭受重大损失,以致不能继续经营,无法回收投资;由于借款国政府更迭或领土转移而引起的政治风险,如,借款国发生社会革命导致政府更迭,或由于领土转移使主权者变更,而后者拒绝继承以前的债务(郭玉军,1998)。以上定义认为政治风险的原因限于政治因素,可以称之为"狭义的政治风险"(钟志勇,2005)。

还有学者认为,政治风险是指与东道国政治、社会有关的,投资者无法控制的风险(余劲松,2007)。由于该定义认为产生政治风险的原因不限于政治因素,还包括社会因素,因此可称之为"广义的政治风险"(钟志勇,2005)。由于政治因素和社会因素很多时候难以区分,本研究采用广义的政治风险作为研究对象。

有学者从另一个角度着重强调经营环境的变化和不连续性,Robock(1971)给出了一个政治风险的详细定义:政治风险是指由于政治变化的原因,经营环境发生难以预料的不连续性。Robock(1971)进一步说明不能导致经营环境变化的政治环境的波动不能被视为政治风险。综合各种政治风险的定义,本研究对政治风险的定义包含以下内容:

(1)原因:政治风险归因于:①政治事件(如革命、政变/内战等)和社会事件(如恐怖主义、暴乱等);②政府行为(如贪污腐败、法律法规和政策的变化等)和政府的不作为(如缺少对外资的保护等);③社会组织行为(如工会组织的罢工、环保激进分子的抗议等)。

(2)结果:政治风险导致如下结果:①将投资者带入不确定状态的经营环境变化;②给企业的利润或其他目标带来潜影响;③不利的后果,如项目中断延误、成本增加、财产损失或人员伤害等。

根据以上概念,政治风险与国家风险相比,其范畴被包含于国家风险,属于国家风险中由政治社会因素所引起的那一部分。和主权风险相比,二者的产生原因和后果都是不同的,"主权风险"通常发生于东道国的国家层面,是由于中央政府的行为或不作为所导致的(Henisz & Zelner,2003);主权风险的后果主要表现在主权贷款的债务违约,而政治风险的后果主要表现在海外投资方面(Power,1996)。

2.2.3 国际工程的政治风险

1）国际工程政治风险的内涵

当一个国际工程项目暴露在国际环境中时，由国际事件引起的政治、经济、社会等风险会对项目的结果产生显著影响。在过去的几十年中，世界范围内的国际工程承包业务快速发展，同时也受到区域和全球性事件的显著影响。如图 2-1 所示，国际工程承包市场对于经济危机、局部政治动荡、恐怖活动等政治经济事件非常敏感。美国次贷危机爆发后，受全球范围内经济紧缩的影响，国际工程承包市场发展在 2008—2010 年间基本停滞不前，甚至略有收缩；而 2010 年以美国、欧洲和日本央行实施的大规模量化宽松（QE）为代表的全球性经济刺激政策，以及 2011 年伊拉克战争的结束，给国际工程承包带来了一段时间的繁荣发展期；而后西亚和北非政治局势的不断恶化、"伊斯兰国"的肆虐，再加上 2014 年开始国际油价进入下跌通道，这一系列国际事件又给国际"工程承包"市场蒙上了一层阴影。

图 2-1　1980—2015 ENR TOP 250（225）国际营业额与典型国际事件

由此可见，相比于国内工程项目，国际工程项目完全暴露在国际或东道国的政治、经济、社会大环境中。国际工程的周期长、合作方众多且来自不同的国家、管理模式与技术标准的多样性，以及支付方式的国际性等特点，使之与国际和东道国环境的接触面更广，从而受环境变化的影响也更加深入和广泛。这些接触和影响为国际工程项目的实施带来更多的不确定性，并最终导致项目不能按照预期实现目标。

本研究将国际工程政治风险的定义为国际工程项目由于暴露在国际或东道国的政治、经济、社会大环境中，受到政治事件、社会事件、政府的行为或不作为及社会组织行为等政治因素的影响，而导致项目的经营环境产生不确定性，给项目投资者的利润或其他预期目标带来负面影响。

在由政治、经济、社会事件导致的风险中，对于国际工程项目而言，政治风险是最不容忽视的一类风险（Wang, et al., 2015）。因为国内外政治环境千差万别，对于国际承包商而言，东道国的政治风险是非常不熟悉的一类风险。再加上政治风险的后果严重性和难以主动控制（Ashley & Bonner, 1987），政治风险对国际承包商的伤害巨大。

对于中国国际承包商而言，其承包的国际工程目的地以中东、北非和亚洲的发展中国家为主（Deng & Low, 2013），这些地方近年来政治局势不稳定性不断增大，骚乱不断，且经济实力较差，各种形式的带资承包现象较多（邢厚媛，2006），这些因素给中国国际承包商带来更多的不确定因素,也使中国国际承包商在这些国家承揽项目将面临更加剧烈的政治风险。

2) 国际工程政治风险的识别和分类

国际工程项目受到多种政治社会事件的影响,因此,对政治风险进行识别和分类至关重要(Howell,1998)。政治风险的识别和分类需要包含可以损害国际工程项目目标实现的所有政治社会事件;不仅应该包含极端的政治风险(战争、征收等)(Brink,2004),还需要包含较为温和但是更加普遍的政治风险(难以审批、贪污腐败等)(Nawaz & Hood,2005)。为了更好地理解国际工程的政治风险,本书从政治风险的来源出发,对其进行识别和分类。

从政治风险的来源可将政治风险划分为三类,即,东道国政府因素引起的政治风险、东道国社会因素引起的政治风险,以及国际关系引起的政治风险。

(1) 东道国政府因素导致的政治风险(Host-government Risk,GR)

国际工程项目对于东道国政府而言代表着资金、技术和专业知识的进入,具有促进东道国地区发展、就业、进出口等作用;而另一方面,为了实现保护本国企业、限制外国剥削、增加和重新分配国内财富等目的,东道国政府也会对国际工程项目的经营进行各种形式的干涉(Minor,2003)。东道国政府因素导致的政治风险是指由东道国政府行为所导致的危害国际工程项目生产经营活动的风险(Khattab,et al.,2007)。具体风险如表2-1所示。

表2-1 东道国政府因素导致的政治风险

NO.	风险	描述	出处
GR1	合同违约	东道国政府单方面违反合同约定或终止合同并拒绝补偿	Khattab, et al., 2007; Han, et al., 2007; Sachs, et al., 2008
GR2	征收或没收	东道国政府在极端情况下直接征收或没收外国资产并拒绝补偿	Khattab, et al., 2007; Sachs, et al., 2008; Li, et al., 2005
GR3	法规政策变动	在项目进行期间,东道国法律法规和相关政策的变动	Ling, et al., 2009; Han, et al., 2007; El-Sayegh, 2008
GR4	行业限制	主要包括进出口限制、所有权限制、出入境限制等	Khattab, et al., 2007; Ling, et al., 2009
GR5	难以审批	东道国工程项目相关证照办理、行政审批等办理难度大、效率低	Sachs, et al., 2008; El-Sayegh, 2008
GR6	贪污腐败	东道国政府工作人员滥用职权、索贿、寻租等行为危害项目运行	Ling, et al., 2009; Han, et al., 2007; Sachs, et al., 2008; El-Sayegh, 2008
GR7	歧视待遇	东道国政府在征税、行政费用、工资标准等方面对外国企业的歧视待遇	Ling, et al., 2009; Han, et al., 2007

(2) 东道国社会因素导致的政治风险(Host-society Risk,SR)

除了政治因素外,社会因素也可以导致政治风险(Brink,2004)。由社会因素导致的政治风险是指由非政府组织的政治行为所引起的政治风险,主要包括革命、政变、内战、骚乱、示威、恐怖活动等(Iankova & Katz,2003)。这些事件的共同特点是都是针对东道国当局的反对活动且都会对国际工程项目的经营活动产生危害。这些事件会导致政府服务的中断、原材料供应的困难、人员伤亡等,从而间接影响项目的经营。除此之外是由非政府组织发起的直接针对国际工程项目的政治行为,这类事件可直接危害项目的经营,主要包括环保组织的抗议阻挠、工会的抗议等。具体风险如表2-2所示。

表2-2 东道国社会因素导致的政治风险

NO.	风险	描述	出处
SR1	内乱	包括革命、政变、内战、骚乱、示威等,这些事件往往没有明显界限	方耀宁,等,2014;Gaillard,2012
SR2	种族宗教关系紧张	东道国内部种族问题、宗教问题复杂,不同种族或宗教间严重对立	Flandreau,2011
SR3	恐怖主义	炸弹袭击、暗杀等威胁地区稳定的恐怖活动以及针对承包商或项目的恐怖犯罪活动	方耀宁,等,2014;Flandreau,2011
SR4	环保组织反对	激进的环境保护主义针对项目或承包商采取的极端行为	Flandreau,2011
SR5	工会反对	工会组织针对项目或承包商的抗议活动影响到项目生产经营	Flandreau,2011
SR6	公众反对	项目所在地公众对项目采取的抗议、破坏等活动影响到项目生产经营	Gabor,2013

(3) 国际关系导致的政治风险(Interstate Risk,IR)

在国际社会中,国家之间难免会发生冲突,这种冲突对国际工程项目的影响是较为巨大的(Tayeb,2002)。国际关系导致的政治风险强调国与国之间的政治冲突对国际工程项目的负面影响,这些政治冲突主要包括战争、经济制裁等(Brink,2004)。尤其是战争对国际工程项目的危害巨大,当东道国遭遇战争时,国际工程项目可能面临难以得到支付、收入损失、资产损失等后果。具体风险如表2-3所示。

表2-3 国际关系导致的政治风险

NO.	风险	描述	出处
IR1	战争	东道国与其他国家发生战争,影响到国际工程项目的生产经营	方耀宁,等,2014;Gaillard,2012
IR2	反华活动	东道国爆发的针对中国企业和公民的反对、抗议、犯罪等活动	Goedert,2013

3) 政治风险的后果

风险的后果是指遭受风险的主体与风险事件共同作用所遭受到的损失。对政治风险的相关研究也表明,同样的政治风险事件对不同企业的影响是截然不同的(Fitzpatrick,1983;Kobrin,1982;Oetzel,2005)。此外,国内学者邓小鹏(2015)将政治风险的影响后果分为三类,即微观风险、中观风险与宏观风险。微观风险指仅对特定企业或特定项目有影响的政治风险;中观风险指对在特定行业中进入该东道国的企业有影响的政治风险;宏观风险指对进入该东道国的所有企业都有影响的政治风险。

2.3 风险传导理论

2.3.1 风险传导概念及其传导机理

风险具有传导性,许多学者在企业领域对其进行了大量研究。在企业风险管理中,风险传导是指存在于企业(项目)外部环境和内部系统中的风险源所释放的风险,依托于一定的载体,经由一定的路径或渠道,传导和蔓延到企业(项目)生产经营的各个业务功能节点和业务流程,甚至整个利益链,从而造成企业(项目)生产经营活动偏离预期目标而遭受损失的过程(夏喆,2007)。企业风险通过特定的传导机制积累、放大甚至突发,最后可能会引发企业危机。

石友蓉(2006)对风险的传导机理进行了研究,如图2-2所示,风险传导的起点是风险源,即风险都有一个起源,然后开始传播,传播过程依赖于传导载体,没有载体风险也就无法传导。传导载体自身存在粒子运动,这些运动可能减少风险,也可能放大风险,风险在传导的同时还受外界环境所影响;在风险传导的过程中有众多的节点,这些节点与外界联系较多,呈开放状态,风险在每个节点积聚或者释放,若该系统足够强壮,可以在某个节点释放或者消化风险,当系统无法化解时,风险就会继续传导,进入下一个节点,在这个节点释放或者继续传导,最终传导到风险的接受者,风险变为巨大损失释放出来。

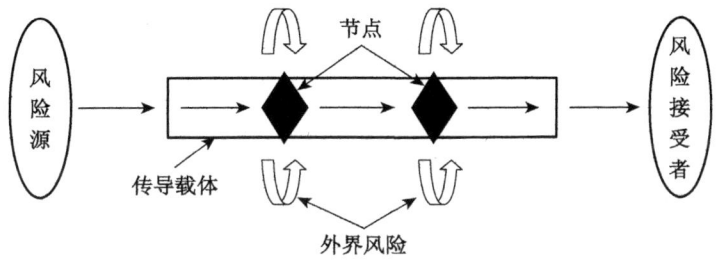

图2-2 风险传导机理

2.3.2 风险传导要素

根据有关学者对风险传导理论的研究(夏喆,2007;程国平和邱映贵,2009;赵新娥,2010),风险传导的关键要素包括风险路径、风险源及风险载体;风险源(或风险发起者)及风险传导载体均是风险传导的要素。风险源是指引发风险的原始起因;风险传导载体指的是风险传导的承载物。

张友棠(2011)等认为风险传导的关键要素包括风险源、风险流、风险载体、风险传导路径和风险事件。

陈志(2010)认为企业风险传导的关键要素是风险因素、风险事件、损失以及风险传导载体,其逻辑关系如图2-3所示。风险源是企业风险滋生的来源,也是企业风险传导产生的基础;风险事件则是指企业外部环境和内部系统的非预期变化对于企业这个系统存在状态产生非预期变化过程的具体体现。

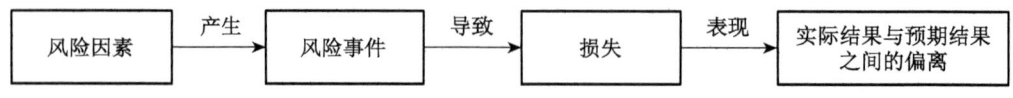

图 2-3 风险因素、风险事件与损失的逻辑关系

杨潮兴(2011)等对R&D项目风险传导的影响因素进行了识别研究,将其分解为3个二级因素和10个一级因素,如图2-4所示。

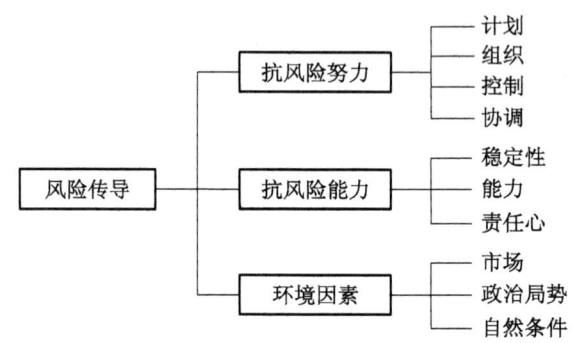

图 2-4 R&D项目风险传导影响因素

下面将对风险传导的几个主要组成部分进行描述:

1) 风险源

风险源是风险传导的起始原因也是风险传导的动力,它的大小将直接影响风险传导的距离和最后形成的损失,有效的控制风险源是控制风险的重要途径。因此,识别和评估风险源是风险管理的重要方式。

2) 风险传导路径

风险传导具有路径性。风险路径(Risk Path)用来描述风险事件及风险结果在风险网络中的作用关系。风险网络的终段显示风险事件对项目的最终影响,即风险结果(张宏亮和李鹏,2007)。有不少学者对风险事件、风险结果的作用过程进行了研究。Han等(2008)尝试使用风险路径来表示风险事件与风险结果之间的真实关系,并提出了风险源清单和与其相关的风险事件的清单(Han, et al., 2008)。他还在文中指出风险识别应考虑风险路径而不是单独考虑风险来源。标准的项目分析框架使用风险事件和风险结果之间直接的连接来抽象地描述项目风险过程(张宏亮和李鹏,2007),并未考虑项目系统本身对于风险传导过程的调节作用。然而在风险事件发生后,项目或系统会与其发生作用,并影响其所最终承受的风险结果。

3) 风险传导节点

在风险传导过程中会有众多的节点,风险在此产生积聚效应,有些系统可以在某些节点释放或者消化风险,有些系统则不能,此时风险就继续向下一个节点传导。

4) 风险传导载体

风险传导总是依于一定的载体,而载体本身也会对风险传导进行影响,可能放大,也可能减小风险。

2.4 脆弱性理论

2.4.1 脆弱性的概念

各领域学者将脆弱性与不同研究对象相结合,如自然、生态学、金融、计算机等领域,产生了许多不同分支,不同研究分支对脆弱性的定义也有所不同,以下是对已有的脆弱性定义的分类:

1) 认为脆弱性是一种可能性

有些学者认为脆弱性是指系统暴露于不利影响或遭受损害的可能性,如 Cutter(1993)认为脆弱性是指个体或群体暴露于灾害及其不利影响的可能性。Smit 等(2006)在研究社会经济系统对于气候变化的脆弱性中认为,一个系统脆弱性与这个系统暴露于气候变化的程度及应对这些变化的能力(一般称之为适应性、适应能力或者应对能力)相关,并用函数 $V_{it}^s = f(E_{it}^s, A_{it}^s)$,其中 V_{it}^s 指给定系统的脆弱性,E_{it}^s 是与之相应的暴露性,A_{it}^s 则代表适应能力。

2) 认为脆弱性是一种影响程度

有的学者认为脆弱性是指系统受到外部扰动的程度。Turner 等(2003)认为脆弱性是指系统或其子系统由于暴露于外部扰动而可能遭受损害的程度。IPCC 将脆弱性定义为系统易受或没有能力应对气候变化的扰动而产生不利影响的程度,是气候变异特征、变化幅度和速率以及系统的敏感性和适应能力的函数。Agarwal 等(2007)指出若一个系统因某一扰动而产生与之不成比例的后果,则说明这个系统是脆弱的,并认为通过分析系统的脆弱性可以更有针对性地进行风险管理,他们还认为可以通过对系统脆弱性的分析得出系统较为薄弱的地方,以此来进行风险管理,并以一个简单的结构系统和一个公路网络系统做了案例分析。

3) 认为脆弱性是一种抵抗能力

Dow(1992)认为脆弱性是社会个体或社会群体抵抗灾害事件的能力;Vogel(2007)认为脆弱性是指社会个体或社会群体预测、处理、抵抗不利影响,并从中恢复的能力。社会科学家经常使用脆弱性来代表决定人们应对压力或变化的能力的一系列社会经济因素。

4) 认为脆弱性是一种概念的集合

也有学者将脆弱性视为一种概念的集合。如刘燕华和李秀彬(2001)指出脆弱性最终都可归为三层含义:①该系统,群体或个体存在内在的不稳定性;②该系统、群体或个体对外界的干扰和变化(自然的或人为的)比较敏感;③在外来干扰和外部环境变化的胁迫下,该系统、群体或个体易遭受某种程度的损失或损害,并且难以复原。

5) 认为脆弱性是一种内在属性

Agarwal(2007)等认为脆弱性是一种特殊形式的风险,是系统固有的、内在的。李鹤等(2008)认为脆弱性是由于系统(子系统、系统组分)对系统内外扰动的敏感性以及缺乏应对能力从而使系统的结构和功能容易发生改变的一种属性,并且认为脆弱性是源于系统内部的、与生俱来的一种属性。Gilberto(2003)也认为脆弱性是系统的属性。UNISDR(United Nations International Strategy for Disaster Reduction)也将脆弱性界定为系统的属性。这种观点认为脆弱性是系统与生俱来的,无论风险发不发生,这些属性都存在。

对于脆弱性的构成要素，国内外也有学者进行了研究。Smit 和 Wandel(2006)认为脆弱性包含了敏感性(Sensitive)、暴露程度(Exposure)和适应能力(Adaptive Capacity)。于瑛英(2011)则将城市脆弱性细分为易受攻击程度、敏感程度、应对能力和恢复能力，并将这四个方面分别分解为经济维度、社会维度和自然维度。Turner 等(2003)认为脆弱性包括了系统暴露于外部扰动的程度，对于外部扰动的敏感性及适应能力或恢复能力。但也有学者认为脆弱性不包含系统对于外部扰动的暴露，如 Gilberto(2003)。

由于学科之间的差异及研究视角的不同，对脆弱性概念的理解也不同，在查找脆弱性与适应能力的文献过程就发现与脆弱性相关名词的意思很多，也很混乱，例如脆弱性(Vulnerability)、敏感性(Sensitivity)、弹性(Resilience)、适应性(Adaptation)、适应能力(Adaptive Capacity)、风险(Risk)、危险因素(Hazard)等。因此正如 McLaughlin 等(2008)所说，与其争论概念如何，不如剖析概念在对应理论体系下的应用更有意义。

关于脆弱性在国际工程领域与 PPP 项目领域中的研究已有所开展。Dikmen(2008)等将项目脆弱性评估作为国际工程项目风险管理的重要组成部分，并认为脆弱性经常用来描述系统的内部特点，这些特点会影响风险源和风险事件之间的关系。张宏亮等(2007)在研究 PFI 项目风险一文中认为，脆弱性是指项目系统(包括项目物理系统和组织系统)对抗风险事件的能力和程度。项目脆弱性独立于风险事件，它本身不能触发风险结果，但它能够与风险事件相互作用，从而影响到项目风险结果的严重程度。同时还指出项目脆弱性主要受 PFI 项目特点影响。

2.4.2　脆弱性与风险

脆弱性和风险是经常混淆的两个概念。樊宏烨(2008)在研究企业脆弱性机理时进行了一项问卷调查，在对"您认为企业脆弱性研究与企业风险研究有无区分？"的调查中，94.9%认为有区分，仅 5.1%的人认为没有区分。风险来源于人们认知的不确定性，脆弱性则源于系统本身的不协调或者不和谐，这是风险与脆弱性的本质区别。

风险经常用来表示某一特定情况发生后后果的严重性，脆弱性则与系统所处的环境和其本身特点有关。Brookfield 等(2009)认为风险是指风险事件发生的可能性，它的发生将会产生不利后果，风险的管理主要在于对其可能性和潜在后果的管理。Crichton(1999)将风险定义为损失的可能性，主要取决于三个要素，灾害事件、脆弱性和暴露程度，其中任何一个要素的改变都会影响风险结果，例如地震是灾害事件，房屋所处位置决定了暴露程度，而房屋的设计、建造及维护情况则决定了脆弱性的大小。因此可以看出，脆弱性和灾害事件导致了风险结果。

Zhang(2007)指出项目脆弱性在风险事件发生前就存在了，但是直到风险事件发生后才显得重要并被重视。例如合同有关价格调整的条款不会被重视直到发生通货膨胀，在这里通货膨胀就是风险事件，合同条款的规定就是脆弱性。脆弱性是系统所处环境或内在属性，它将会影响风险后果的大小。例如项目规模不会产生任何风险，但是假如发生材料数量的变化，项目规模会影响其对于成本的变化大小。

2.4.3　国际工程项目的脆弱性的内涵

根据上文分析，不同主体在面对特定政治风险时会受到不同的影响，这种特定政治风险对不同产业、企业或项目产生的不同结果,被 Millstein 和 Halpern-Felsher(2002)归因于不同主体对特定风险的不同"感知"(Felling),即"脆弱性"(Vulnerability)。

典型的国际工程可以被定义为为了实现特定的目标,由多种生产要素、不同的组织以及各种各样的人之间相互联系、相互作用所构成的非永久性的复杂系统(Turner,2006)。国际工程项目的政治风险与项目的特点和承包商的特点密切相关。企业及项目的特性也都会影响到其所承受的政治风险水平,如企业的国籍、背景和文化、企业及其子公司的规模和技术水平、企业的资本结构、国际化程度和本地化程度,以及企业与东道国政府、社会组织及当地民众之间的关系等。

此外,虽然只有当项目脆弱性与风险事件相互作用产生风险后果时,项目脆弱性才能够暴露出来并被管理者所感知,但项目的脆弱性很大程度上并不取决于风险事件的种类和大小,而是项目的固有属性(Zhang,2007)。因此,项目脆弱性主要取决于和项目相关而和风险事件无关的组织、社会、环境等因素(Zhang,2007)。

国际工程项目在面对政治风险时的脆弱性主要有以下几个特点:第一,国际工程项目的脆弱性是项目的固有属性,取决于项目系统的特征,如项目规模、竞争强度、项目技术含量、项目投入大小等因素;第二,国际工程项目的脆弱性虽然与具体的政治风险事件无关,但和与项目具有交互的外部环境有关,包括其所在的东道国、所属的公司及其母国等因素(Levinsohn,2002);第三,国际工程项目的脆弱性影响到面临特定政治风险时的潜在损失大小(Kobrin,1982);第四,国际工程项目的脆弱性包括其对政治风险的暴露程度以及国际工程项目对政治风险事件的抵抗能力两个方面(Deng,et al.,2014)。

2.5 本章小结

本章对国际工程政治的内涵进行了分析和界定。通过分析国际工程的含义、国际工程的特点,对国家风险、主权风险和政治风险进行辨析,确定了政治风险的定义。该定义包括政治风险的产生原因和政治风险的后果两个方面。即政治风险归因于:①政治事件和社会事件;②政府行为和政府的不作为;③社会组织行为。政治风险导致如下结果:①将投资者代入不确定状态的经营环境变化;②给企业的利润或其他目标带来潜影响;③不利的后果,如项目中断延误、成本增加、财产损失或人员伤害等。对国际工程政治风险的内涵进行了分析并根据文献识别出 15 种不同类型的国际工程政治风险事件,并将它们分为东道国政府因素导致的政治风险、东道国社会因素导致的政治风险、国际关系导致的政治风险三大类。本章还对后续研究需要用到的风险传导理论和脆弱性理论进行了介绍。

3 国际工程政治风险的影响因素识别与分析

3.1 国际工程政治风险形成框架

3.1.1 国际工程政治风险的传导路径

风险是一系列过程所带来的结果,这一过程由多种威胁和脆弱性所驱动(Zsidisin, et al., 2003)。这些威胁攻击项目的风险暴露,并可以被项目的管理措施所缓和,这些管理措施包括创新意识、预防措施、补救措施、知识管理等(Van Wyk, 2010)。风险形成路径提供了一个可以追踪风险起源和发展过程的框架,政治风险的形成路径见图3-1所示。政治风险的传导路径是一个由状态到政治事件再到威胁最终发展为风险的演化过程。

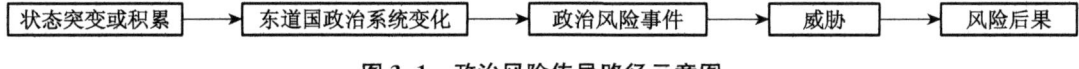

图3-1 政治风险传导路径示意图

政治风险起源于东道国内部或外部的政治系统及政治环境的状态(Simon, 1984)。这些状态可从东道国国际关系、东道国政治、社会、经济,以及更加微观的东道国建筑产业发展情况等方面进行量化和测量(Deng & Low, 2015)。这些状态的变化或在某一临界水平上的积累会导致东道国政治系统内部或外部的变化,从而促使东道国内部及外部的政府或社会组织做出某些直接或间接的反应,进而产生政治事件(Van Wyk, 2010)。

当这些政治组织的行为对国际工程项目的正常经营、机会、收益等产生威胁时,政治风险即发展到上图所示的第四步。"威胁"表示一种对项目产生负面影响的政治变量的不可预测性(Van Wyk, 2010),这种不可预测性使项目管理者难以防范其可能带来的后果。当威胁转化为危害项目盈利的政治组织具体行动时,风险就产生了。

3.1.2 国际工程项目的脆弱性

国际工程项目的脆弱性可以用来描述项目系统对国际工程政治风险形成过程的影响(Zhang, 2007)。这一影响可以被简化抽象为如图3-2所示。

本书将这种影响描述为"Mediates",即政治风险的形成过程与项目脆弱性存在交互,且只有通过项目脆弱性的中介作用才能产生风险后果。项目脆弱性对政治风险形成路径所起的调节和中介作用既可以表现为桥梁或促进作用,也可以表现为阻断或抑制作用,这取决于特定项目脆弱性的大小和特点。

3 国际工程政治风险的影响因素识别与分析

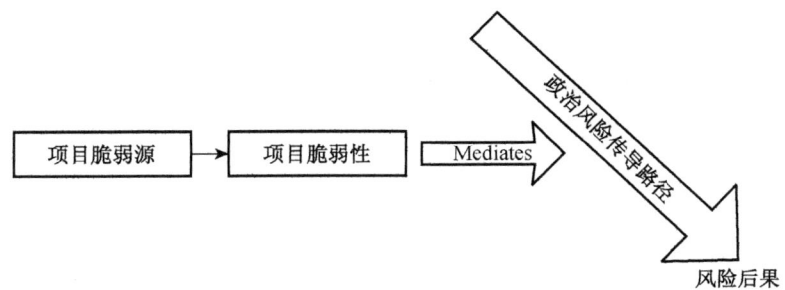

图 3-2 国际工程项目脆弱性对政治风险传导路径的影响

国际工程项目的脆弱性可以从风险暴露和风险应对能力两个方面来衡量,即国际工程项目的脆弱源主要包括项目风险暴露和项目风险应对能力两个方面。项目风险暴露主要是由项目固有特征所决定的,即项目一旦确定,其风险暴露水平也就随之确定,是项目自身暴露于东道国政治系统的位置和程度;项目风险应对能力则指的是项目的主观能动性,项目管理者可通过提高项目风险应对能力来对项目风险暴露进行弥补。

因此,可建立如图 3-3 所示的国际工程政治风险框架。

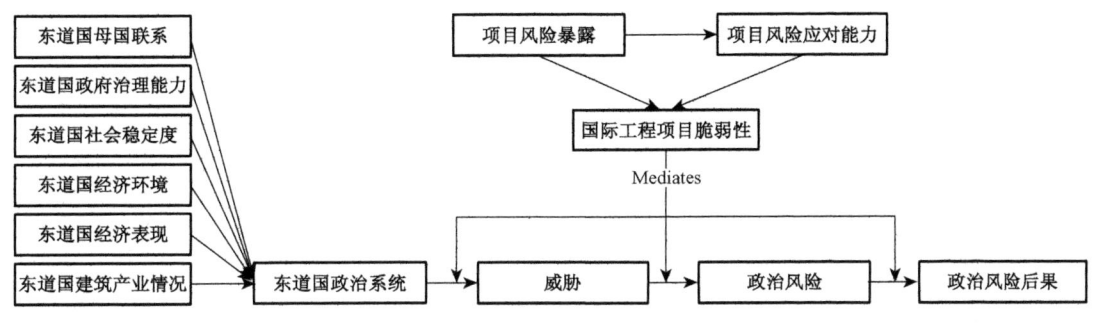

图 3-3 国际工程政治风险形成框架

3.2 国际工程政治风险的影响因素识别

根据上文的国际工程政治风险形成的框架,有东道国母国关系、东道国政府治理能力、东道国社会稳定度、东道国经济环境、东道国经济表现、东道国建筑产业情况等六类因素来衡量东道国政治系统的状态;有项目风险暴露、项目风险应对能力两类因素来衡量国际工程项目的脆弱性。这八类因素的相互作用决定了国际工程政治风险的发生、发展和结果。

3.2.1 东道国政治系统的状态

1) 东道国母国联系(Relationship Between Home-host Country, RS)

Ghamawat(2001)提出了一个著名的衡量两国之间距离的 CAGE(Cultural, Administrative, Geographical, Economic)模型,即可以从文化、行政、地理、经济四个方面评估两国的距离和联系,而这种距离和联系对两国间的投资和贸易具有深远的影响。然而,随着世界的发展,两国间的地理距离被各种方便的交通工具不断缩小,地理距离对于两国联系已经显得不再重要。因此,本书主要从文化、政治和经贸三个方面衡量东道国和母国之间的联系。

(1) 文化距离(RS1)

两国间的文化距离主要反映了两国人民在价值观、行为和交往规范等方面的差别,这些差异最终会导致法律法规、风俗习惯、经商方式等方面的差异,并最终增加两国间贸易和投资的交易成本和风险(Johanson & Vahlne, 2009; Buckley, et al., 2012)。

(2) 政治联系(RS2)

两国之间紧密的政治联系可增加一国跨国公司相对于其他国家公司在另一国投资的竞争力和意愿,并降低风险(Dunning, 2006)。这些政治联系主要包括两国间的双边条约、两国是否加入同一国际组织或区域性组织等。两国间较紧密的政治联系会降低东道国对该国公司直接采取政治行动的可能性,并使东道国政府和社会更加乐于给予该国公司公民待遇或更加优惠的待遇,从而降低其所面临的政治风险(Hadjikhani, 2006)。

(3) 经贸联系(RS3)

两国间经贸联系的紧密程度对于两国间的国际商业具有很大影响。紧密的经贸联系意味着母国是东道国重要的商业贸易伙伴,这使得跨国公司对于东道国市场以及社会政治环境更加了解,也使得东道国政府和社会组织对来自于该母国的跨国公司更加尊重,从而使其所面对的政治风险有所降低(Zhang, et al., 2011)。

2) 东道国政府治理水平(Governance Quality of Host Country, GQ)

政治风险的一个形成原因是政权以及政策的不利变化为跨国企业经营环境带来的不确定性(Henisz, 2000)。这种不确定性来源于东道国政府的治理水平(Slangen & Tulder, 2009)。政府治理水平涵盖了东道国政府建立的各种公共机构和制度,以及法律、社会、经济结构。包括政府被选举、监督和更迭的程序,政府有效的制度和执行政策的能力,以及东道国政府与公民对其社会经济制度的尊重程度(Kaufmann & Mastruzzi, 2004)。

(1) 民主程度(GQ1)

反映东道国公民参与政府选举的程度,以及政府收到监督和问责的程度。

(2) 行政效能(CQ2)

反映政府制定和实施良好的政策和提供公共产品和公共服务的能力,官僚系统的质量,公务员的能力以及政府履行政策的程度。

(3) 监管质量(CQ3)

政府制定和实施的法律法规促进私营部门发展的程度。

(4) 法治程度(CQ4)

东道国公民信任和遵守法律法规的程度,以及司法系统的质量和公正程度。

(5) 腐败控制度(CQ5)

对公权力被用于谋取私利的限制和打击(Slangen & Tulder, 2009)。

3) 东道国社会政治稳定度(Sociopolitical Stability of Host Country, SS)

很多研究表明,社会政治稳定度较低国家的政府更倾向于采取低效的政策,包括低效的税收系统、高政府开支,以及高外债(Cukierman, et al., 1992)。社会政治的不稳定还会带来政治社会经济系统的不确定性,从而使投资人的财产权利面临巨大风险(Alesina & Perotti, 1995)。东道国社会政治稳定度可从两个方面来考量,即东道国政府的稳定度和东道国社会稳定度。前者侧重于评价东道国政府主导的或针对东道国政府的不稳定事件发生的可能性,而后者主要指东道国非政府层面的紧张程度和不稳定程度。

(1) 政治稳定性(SS1)

违宪行为或暴力行为导致的东道国政府失衡或政府被推翻的可能性,主要包括战争、冲突、暴动、革命等政治暴力行动,以及恐怖主义行动(Escaleras & Thomakos, 2008)。

(2) 宗教、民族关系(SS2)

对于多民族和多宗教国家而言,反映国家社会内部不同民族和不同宗教间关系的紧张程度,这种紧张会导致东道国经济运行效率的低下,其不断积累甚至会导致东道国社会秩序的崩溃(Deng & Low, 2015)。

(3) 种族主义(SS3)

种族主义反映了东道国主流社会针对少数族裔或外国人的仇视、排挤、优越感等消极的态度或行为,是政治风险的来源之一(Alon & Herbert, 2009)。种族主义主要通过影响政府和社会组织态度、影响社区居民态度,以及直接针对外国人的威胁和暴力等途径增加国际工程项目的政治风险(Deng & Low, 2013)。

4) 东道国经济环境(Economic Environment of Host Country, EE)

东道国经济环境反映东道国经济金融制度、贸易制度、对私有权利的保护、基础设施建设等方面是否为商业投资和经营提供良好的环境。糟糕的经济环境显著增加外商在该国投资经营的交易成本和不确定性。东道国经济环境的质量与东道国政府或权利组织侵犯私有财产权利的可能性呈现反相关的联系(Block, 1998)。

(1) 东道国经济自由度(EE1)

一个由华尔街日报和传统基金委创立的用来评价一个国家经济自由程度的指标,反映了在一个国家中,公民和企业可以按照自己的意愿进行工作、生产、消费、投资等经济活动的自由程度,以及劳动力、资本、商品等自由流动的程度。该指标被很多学者用来作为东道国政治风险的一个影响因子(Jiménez, 2011)。

(2) 贸易促进指数(EE2)

一个由达沃斯论坛创立的用于评价一个国家对商品贸易的促进程度,反映了一个国家的市场准入情况、出入境管理情况、基础设施建设情况、国内商业环境等是否有利于贸易进行和商业的经营。对于国际工程而言,该指标反映了承包商在该国承揽工程时出入境的便利程度,以及原材料和劳动力获取的便利程度。同时,该指标还反映一国政府对待外国投资的态度和做法。

(3) 东道国信用(EE3)

表示东道国各级政府履行其合同和债务的意愿,东道国信用评级的高低与在该国投资所面临的政治风险有直接联系(Deng & Low, 2013)。

5) 东道国经济表现(Economic Performance of Host Country)

东道国的经济表现的不佳不仅导致经济上的风险,同时是东道国政治环境和政府政策较大不确定性的反应。一国不佳的经济表现会导致该国的社会动荡,从而成为政治风险的来源(Butkiewicz & Yanikkaya, 2005)。

不佳的经济表现主要体现在:

(1) GDP 增长;

(2) 通货膨胀;

(3) 汇率波动。

这些因素导致东道国失业率增加、生活成本增加、政府支付能力降低、货币贬值等情况发生,从而增加社会动荡,直接或间接影响国际工程项目在该国的生产经营。

6) 东道国建筑产业地位(Construction Industry Condition of Host Country)

东道国建筑产业的总体情况决定了建筑产业在该国受到政治干预的大小。东道国建筑产业的地位主要体现为以下几点。

(1) 产业成熟度

高的产业成熟度意味着更高的透明度和规范度,而透明和规范可显著降低该产业的政治风险(Rios-Morales, et al., 2009)。

(2) 与东道国国民经济目标的一致性

如果一个产业与东道国经济发展战略相一致,则表示该产业在东道国能够获得更多的优惠政策、较少的政府干预和违约,从而面对更低的政治风险(Oetzel, 2005)。

3.2.2 国际工程项目的脆弱度

工程项目的脆弱度可从项目的风险暴露和项目的风险应对能力两个方面进行衡量。项目的风险暴露是指项目自身难以改变的固有性质,是项目本身特点导致的项目暴露于东道国社会政治环境的伤口;项目风险应对能力是指项目的主观能动性,项目管理者可通过各种管理手段对项目的风险暴露进行发现和修补,并减少风险暴露影响。

1) 项目的风险暴露(Risk Exposure of Project)

根据文献项目的风险暴露主要体现在:①东道国对项目的需求度;②公众对项目的态度;③项目的技术、管理复杂度;④有利的合同条件;⑤项目大小;⑥项目持续时间等六个方面(Zhang, 2007)。这些因素中,前四个会影响东道国政府、社会、民众对项目的态度,从而影响政治干预程度;后两个越大,则项目暴露在东道国社会政治环境的规模越大、时间越长,遭遇政治风险的可能性及损失也会越大。

2) 项目风险应对能力(Risk Capacity of Project)

项目的风险应对能力主要体现在:①与东道国政府的关系;②与东道国社会组织的关系;③承包商对当地经济的贡献程度;④承包商的本地化程度;⑤承包商的国际工程与政治风险经验;⑥承包商的项目管理水平等六个方面。这些因素可以提高项目的外部支持、信息获取以及自身预防和应对风险的能力,从而降低风险的影响(Zhang, 2007)。

综上,国际工程政治风险的影响因素如表 3-1 所示。

表 3-1 国际工程政治风险的影响因素

类别		编号	因素
东道国政治系统状态	东道国母国关系	RS1	文化距离
		RS2	政治联系
		RS3	经贸联系
	东道国政府治理水平	GQ1	民主程度
		GQ2	行政效能

续 表

类别		编号	因素
东道国政治系统状态	东道国政府治理水平	GQ3	监管质量
		GQ4	法治程度
		GQ5	腐败控制度
	东道国社会政治稳定度	SS1	政治稳定性
		SS2	宗教、民族关系
		SS3	种族主义
	东道国经济环境	EE1	经济自由度
		EE2	贸易促进指数
		EE3	信用评级
	东道国经济表现	EP1	GDP增长
		EP2	通货膨胀
		EP3	汇率波动
	东道国建筑产业地位	CC1	建筑产业成熟度
		CC2	建筑业与国民经济目标一致性
国际工程项目的脆弱度	项目风险暴露	RE1	东道国对项目的需求度
		RE2	公众对项目的态度
		RE3	项目的技术、管理复杂度
		RE4	有利的合同条件
		RE5	项目大小
		RE6	项目持续时间
	项目风险应对能力	RC1	承包商与东道国政府的关系
		RC2	承包商与东道国社会组织的关系
		RC3	承包商对当地经济的贡献程度
		RC4	承包商的本地化程度
		RC5	承包商的国际工程与政治风险经验
		RC6	承包商的项目管理水平

3.3 国际工程政治风险影响因素的分析

为验证该影响因素体系的科学性和完备性,本研究针对前文已经识别出的国际工程政治风险的影响因素,对国内外、学术界及产业界的国际工程领域专家进行了问卷调查。

3.3.1 问卷调查综述

问卷内容分为两个主要的部分,第一部分调查接受问卷人员的背景,主要包括从事国际工程相关研究或项目的经验、项目及其本人所属国家,以及接受问卷调查人员的角色及在各自单位和公司内的位置和受教育程度等;第二部分调查接受问卷人员对本书识别出来的影响因素在东道国母国关系、东道国政府治理水平、东道国社会政治稳定度、东道国经济环境、东道国经济表现、东道国建筑产业地位、项目的风险暴露、项目的风险应对能力8个维度对国际工程政治风险的影响的判断。在本次问卷调查中采用了5分评分方法,在这种方法里接受问卷调查的人员被要求凭借自己对于国际工程政治风险的了解、自身的经验和知识去判断8个维度上的影响因素对政治风险的重要性,通过1~5分界定各个风险指标的重要程度:①不重要;②可能重要;③重要;④很重要;⑤极其重要。

本次问卷调研于2015年5月到7月间进行。研究团队共向学术界和产业界的专家发放489份问卷,回收143份,其中有效问卷134份,问卷有效率27.6%,这与工程管理领域问卷调研有效回收率在20%~30%之间是吻合的(Zhao & Singhaputtangkul, 2016)。

在本研究回收的134份有效问卷中,49份来源于学术界,85份来源于产业界,问卷来源分布见表3-2。其中学术界的有效问卷来源于14个国家的38个研究机构;产业界的有效问卷全部来源于以中国为母国的国际承包商,表中的地区是他们所来自于的国际项目所在地,其中,东南亚、中东和非洲是中国国际工程的主要目的地。此外,绝大部分的问卷回答者拥有5年以上的国际工程经验。

表3-2 有效问卷来源的分布

来源		数量	百分比
学术界	中国	22	16.30%
	亚洲(不包含中国)	10	7.41%
	欧洲	5	3.70%
	北美	3	2.22%
	澳洲	5	3.70%
	中东	4	2.96%
	合计	49	36.30%
产业界	东南亚	12	8.89%
	南亚	4	2.96%
	中东	37	27.41%
	非洲	29	21.48%
	其他	4	2.96%
	合计	85	62.96%

3.3.2 问卷调查结果

表 3-3 列出了国际工程项目政治风险在 8 个维度下的 31 个影响因素的排名和得分。

表 3-3 国际工程政治风险影响因素问卷调查结果

	类别	编号	因素	均值	标准差	排名	组均值	组排名
东道国政治系统状态	东道国母国关系	RS1	文化距离	3.333	1.107	29	3.584	7
		RS2	政治联系	3.748	1.075	15		
		RS3	经贸联系	3.670	0.693	20		
	东道国政府治理水平	GQ1	民主程度	3.415	0.957	27	3.700	5
		GQ2	行政效能	3.874	0.876	13		
		GQ3	监管质量	3.716	0.604	19		
		GQ4	法治程度	3.881	0.939	12		
		GQ5	腐败控制度	3.615	0.914	22		
	东道国社会政治稳定度	SS1	政治稳定性	4.556	0.797	1	4.180	1
		SS2	宗教、民族关系	3.911	0.990	10		
		SS3	种族主义	4.074	0.959	3		
	东道国经济环境	EE1	经济自由度	3.748	0.796	16	3.743	3
		EE2	贸易促进指数	3.741	0.855	17		
		EE3	信用评级	3.741	0.936	18		
	东道国经济表现	EP1	GDP 增长	3.200	0.978	31	3.668	6
		EP2	通货膨胀	3.919	0.878	9		
		EP3	汇率波动	3.885	0.843	11		
	东道国建筑产业地位	CC1	建筑业产业成熟度	3.489	0.835	23	3.474	8
		CC2	建筑业与国民经济目标一致性	3.459	0.903	26		
国际工程项目的脆弱度	项目风险暴露	RE1	东道国对项目的需求度	4.104	0.908	2	3.703	4
		RE2	公众对项目的态度	3.970	0.864	6		
		RE3	项目的技术、管理复杂度	3.407	0.957	28		
		RE4	有利的合同条件	3.933	0.971	7		
		RE5	项目大小	3.333	1.035	30		
		RE6	项目持续时间	3.470	0.985	25		

续　表

类别		编号	因素	均值	标准差	排名	组均值	组排名
国际工程项目的脆弱度	项目风险应对能力	RC1	承包商与东道国政府的关系	4.037	1.032	4	3.822	2
		RC2	承包商与东道国社会组织的关系	3.830	0.842	14		
		RC3	承包商对当地经济的贡献程度	3.667	0.992	21		
		RC4	承包商的本地化程度	3.481	0.960	24		
		RC5	承包商的国际工程与政治风险经验	3.926	1.055	8		
		RC6	承包商的项目管理水平	3.993	0.846	5		

根据问卷调查结果，在所有的影响因素中，得分最高的4.556（SS1政治稳定性）到最低3.200（EP1 GDP增长），所有的影响因素都是重要的（>3.000），这说明所识别出来的影响因素满足各个维度上的分析要求。

根据问卷调查结果，最重要的因素分组是"东道国社会政治稳定度"，得分4.180，说明对于国际工程项目而言，一个良好的社会政治环境是非常重要的，东道国糟糕的社会政治稳定度有可能带来的各种政治暴力事件，对国际工程项目危害巨大。国际工程项目脆弱度的两个维度"项目风险暴露"（得分3.703，排名4）和"项目风险应对能力"（得分3.822，排名2）的重要性都排名靠前，说明国际工程项目的脆弱性对国际工程政治风险最终结果的影响是十分显著的。此外，得分较高的分组还有"东道国经济环境"（得分3.743，排名3）和"东道国政府治理水平"（得分3.700，排名5），说明东道国各种政治、社会和经济制度及环境对国际工程政治风险的形成也起了关键作用。

关于单个因素，排名最高的是"东道国政治稳定性"，得分4.556，说明对于国际工程政治风险，东道国政治稳定性是最重要的影响因素，也就是说，一个稳定的政治环境对于国际工程项目而言至关重要。东道国政治不稳定所导致的战争、革命、暴动的极端政治暴力事件严重威胁国际工程项目的经营环境。其他重要的影响因素还有"东道国对项目的需求度"（得分4.104，排名2）、"种族主义"（得分4.074，排名3）、"承包商与东道国政府的关系"（得分4.037，排名4）、"承包商项目管理水平"（得分3.993，排名5）等。

本书选用Alpha信度系数法进行检验。根据研究表明，信度系数应当处于0～1之间，0.9表示问卷信度很好，0.7以上表示问卷的信度可以接受，0.7以下则说明问卷中的一些项目需要抛弃（袁竞峰，2009）。采用SPSS 15.0软件的可靠性分析（Reliability Analysis）对问卷结果进行检验，得到的Cronbach's Alpha系数为0.918>0.9，表示问卷信度很好，如表3-4。

此外，为验证学术界与产业界对上述影响因素的认识是否一致，采用T检验的方法对各个影响因素进行分析，结果如表3-5所示。

表 3-4 国际工程项目政治风险影响因素调查问卷信度分析表

		N	%
问卷	有效数	135	100.0
	排除数	0	0.0
	全部	135	100.0
		Cronbach's Alpha	变量数
		0.914	31

表 3-5 学术界和产业界在国际工程项目政治风险影响因素上的独立样本 T 检验

		方差方程的 Levene 检验		均值方程的 T 检验		
		F	$Sig.$	t	$Sig.$（双侧）	均值差值
RS1	假设方差相等	0.669	0.415	2.572	0.011	0.501 90
	假设方差不相等			2.591	0.011	0.501 90
RS2	假设方差相等	0.792	0.375	1.903	0.059	0.363 31
	假设方差不相等			1.885	0.062	0.363 31
RS3	假设方差相等	0.305	0.582	1.565	0.120	0.197 08
	假设方差不相等			1.508	0.135	0.197 08
GQ1	假设方差相等	0.027	0.870	2.814	0.006	0.470 10
	假设方差不相等			2.811	0.006	0.470 10
GQ2	假设方差相等	1.741	0.189	3.904	0.000	0.582 11
	假设方差不相等			4.073	0.000	0.582 11
GQ3	假设方差相等	0.600	0.440	3.021	0.003	0.317 59
	假设方差不相等			2.950	0.004	0.317 59
GQ4	假设方差相等	1.532	0.218	3.757	0.000	0.602 52
	假设方差不相等			3.913	0.000	0.602 52
GQ5	假设方差相等	0.210	0.648	2.784	0.006	0.444 47
	假设方差不相等			2.779	0.007	0.444 47
SS1	假设方差相等	0.005	0.946	0.174	0.862	0.024 92
	假设方差不相等			0.168	0.867	0.024 92
SS2	假设方差相等	6.734	0.011	0.419	0.676	0.075 46
	假设方差不相等			0.440	0.661	0.075 46
SS3	假设方差相等	1.010	0.317	−1.812	0.072	−0.308 50
	假设方差不相等			−1.814	0.073	−0.308 50

续 表

		方差方程的 Levene 检验		均值方程的 T 检验		
		F	Sig.	t	Sig.（双侧）	均值差值
EE1	假设方差相等	0.084	0.773	1.427	0.156	0.203 13
	假设方差不相等			1.398	0.165	0.203 13
EE2	假设方差相等	4.048	0.046	2.723	0.007	0.406 98
	假设方差不相等			2.824	0.006	0.406 98
EE3	假设方差相等	2.895	0.091	1.089	0.278	0.182 72
	假设方差不相等			1.125	0.263	0.182 72
EP1	假设方差相等	1.086	0.299	0.581	0.562	0.102 52
	假设方差不相等			0.563	0.575	0.102 52
EP2	假设方差相等	0.369	0.545	−0.609	0.543	−0.096 35
	假设方差不相等			−0.607	0.545	−0.096 35
EP3	假设方差相等	0.269	0.605	0.660	0.511	0.100 14
	假设方差不相等			0.666	0.507	0.100 14
CC1	假设方差相等	6.249	0.014	−1.061	0.291	−0.158 76
	假设方差不相等			−0.987	0.327	−0.158 76
CC2	假设方差相等	0.141	0.708	−0.490	0.625	−0.080 21
	假设方差不相等			−0.486	0.628	−0.080 21
RE1	假设方差相等	0.108	0.744	0.771	0.442	0.125 53
	假设方差不相等			0.790	0.431	0.125 53
RE2	假设方差相等	0.810	0.370	4.438	0.000	0.655 20
	假设方差不相等			4.593	0.000	0.655 20
RE3	假设方差相等	0.088	0.767	−0.734	0.464	−0.126 96
	假设方差不相等			−0.727	0.469	−0.126 96
RE4	假设方差相等	13.811	0.000	0.601	0.549	0.104 65
	假设方差不相等			0.665	0.507	0.104 65
RE5	假设方差相等	0.006	0.937	−0.402	0.689	−0.074 75
	假设方差不相等			−0.405	0.686	−0.074 75
RE6	假设方差相等	1.605	0.207	−0.733	0.465	−0.129 69
	假设方差不相等			−0.705	0.482	−0.129 69
RC1	假设方差相等	0.024	0.878	1.425	0.157	0.262 22
	假设方差不相等			1.455	0.149	0.262 22

续 表

		方差方程的 Levene 检验		均值方程的 T 检验		
		F	Sig.	t	Sig.（双侧）	均值差值
RC2	假设方差相等	0.785	0.377	3.386	0.001	0.491 69
	假设方差不相等			3.424	0.001	0.491 69
RC3	假设方差相等	0.231	0.632	2.642	0.009	0.459 18
	假设方差不相等			2.585	0.011	0.459 18
RC4	假设方差相等	0.080	0.778	2.548	0.012	0.429 52
	假设方差不相等			2.492	0.014	0.429 52
RC5	假设方差相等	0.004	0.948	1.643	0.103	0.308 50
	假设方差不相等			1.614	0.110	0.308 50
RC6	假设方差相等	0.036	0.850	−0.134	0.894	−0.020 41
	假设方差不相等			−0.134	0.894	−0.020 41

Levene 检验用于方差齐性检验，如果经 Levene 法的 F 值检验结果在 95% 置信区间未达显著水平（即 $Sig.>0.05$），表示应将两组方差视为齐性，因而 T 检验数据要看第一行的假设方差相等中的数值；反之，应看 T 检验数据第二行的假设方差不相等的数值（薛薇，2011）。

基于此，由表 3-5 可看出，学术界和产业界对于"RS1 文化距离""GQ1 民主程度""GQ2 行政效能""GQ3 监管质量""GQ4 法制程度""GQ5 腐败控制度""EE2 贸易促进指数""RE2 公众对项目的态度""RC2 承包商与东道国社会组织的关系""RC3 承包商对当地经济的贡献程度""RC4 承包商的本地化程度"这 11 个因素的认识存在显著性差异。且这 11 个因素的均值差异也较大，在这 11 个因素上都呈现出学术界打分高于产业界的现象，也就是说学术界对这 11 个因素重要性的感知要高于产业界。尤其是在"东道国政府治理水平"这一分组，在统计学上差异显著。可能的原因是该组因素较为宏观，在理论上较为重要，但在项目实际工作中的感知并不深刻。

除此之外，学术界和产业界对于其他因素的认识都存在较高的一致性。

3.3.3 验证性因子分析

验证性因子分析是一种基于变量的协方差矩阵来分析变量之间关系的一种统计方法，其主要作用是验证基于理论建立的因素模型拟合实际数据的能力。

本小节对 3.2 节建立的国际工程政治风险影响因素及影响因素结构进行验证，首先建立如图 3-4 所示的国际工程政治风险影响因素结构模型。该方法是为了验证专家对于国际工程政治风险影响因素的认识是否与理论模型一致，因此该步骤假设各因素之间不存在相互关联。国际工程项目政治风险影响因素模型主要包括内生潜变量、外生潜变量、外生观测变量和箭线四个要素，其中内生潜变量 1 个（η）、外生潜变量 8 个（即 $\xi_1 - \xi_8$）、外生观测变量 31 个（即 $x_1 - x_{31}$），箭线表示潜变量与观测变量之间的因果关系。测量变量 $x_1 - x_{31}$ 与潜变

量 $\xi_1 - \xi_8$ 构成了结构方程模型的测量方程，$\xi_1 - \xi_8$ 与 η 之间的关系构成了结构方程，二者统一称为结构方程模型，该模型直观描述了国际工程项目政治风险与影响因素及其分组之间的关系。

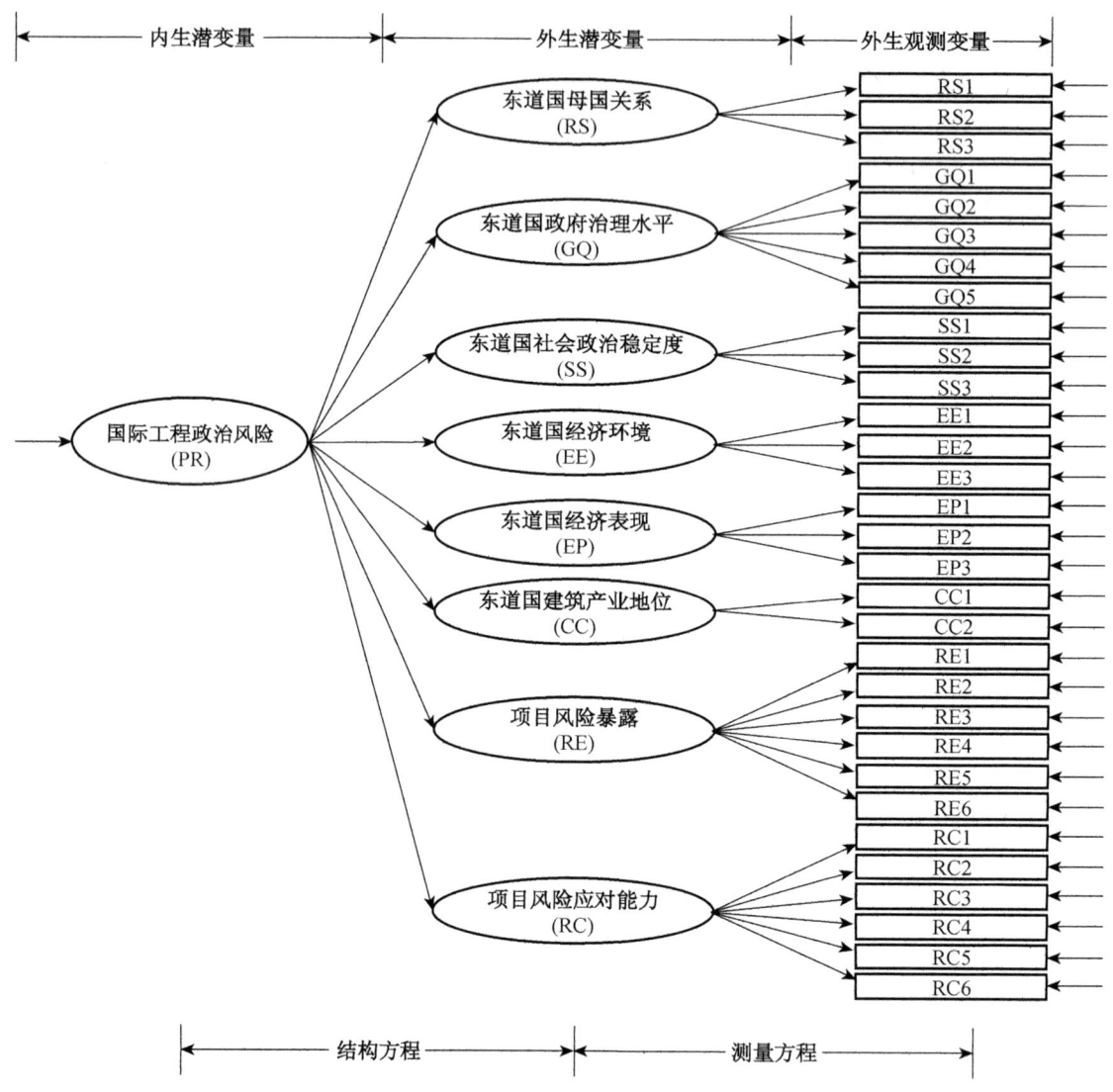

图 3-4 国际工程政治风险影响因素结构方程模型

上述理论模型建立后，对模型的求解称为模型拟合。对问卷数据预处理后，对所设定理论模型用软件 AMOS21.0 进行求解，得到了模型的主要参数估计，如图 3-5。

参数估计完成后，就得到了拟合模型，接下来应该判断拟合模型的优劣，主要是用各种拟合优度指数(简称拟合指数，Goodness of Fit Index)对模型做整体的评价。模型拟合指数主要有 χ^2(卡方，Minimum Fit Function Chi-Square)、DF(自由度，Degrees of Freedom)、GFI(拟合优度指数，Goodness-of-fit Index)、$AGFI$(调整后的拟合优度指数，Adjusted Goodness-of-fit Index)和 $RMSEA$(近似误差均方根，Root Mean Square Error of Approximation)。

普遍接受的看法是:χ^2 比 DF 应小于 3。当 $RMSEA$ 小于或等于 0.05 时,表示理论模型拟合良好;0.05~0.08 可以视为拟合较好;0.08~0.10 则是中度拟合;大于 0.10 表示不良拟合。GFI、$AGFI$ 在 0.9 以上,越大越好(侯杰泰,等,2004)。本模型的 CHI/DF = 2.639,$RMSEA$ = 0.077,GFI = 0.913,$AGFI$ = 0.957,检验结果表明,本模型拟合度在可以接受的范围。

根据图 3-5 的模型参数估计结果中的路径系数,影响国际工程政治风险的最关键因素是"东道国经济环境"(0.94)和"项目风险暴露"(0.94),同时"项目风险应对能力"(0.83)和"东道国母国关系"(0.82)也是非常重要的,影响程度最轻的是"东道国建筑产业地位"(0.51)。

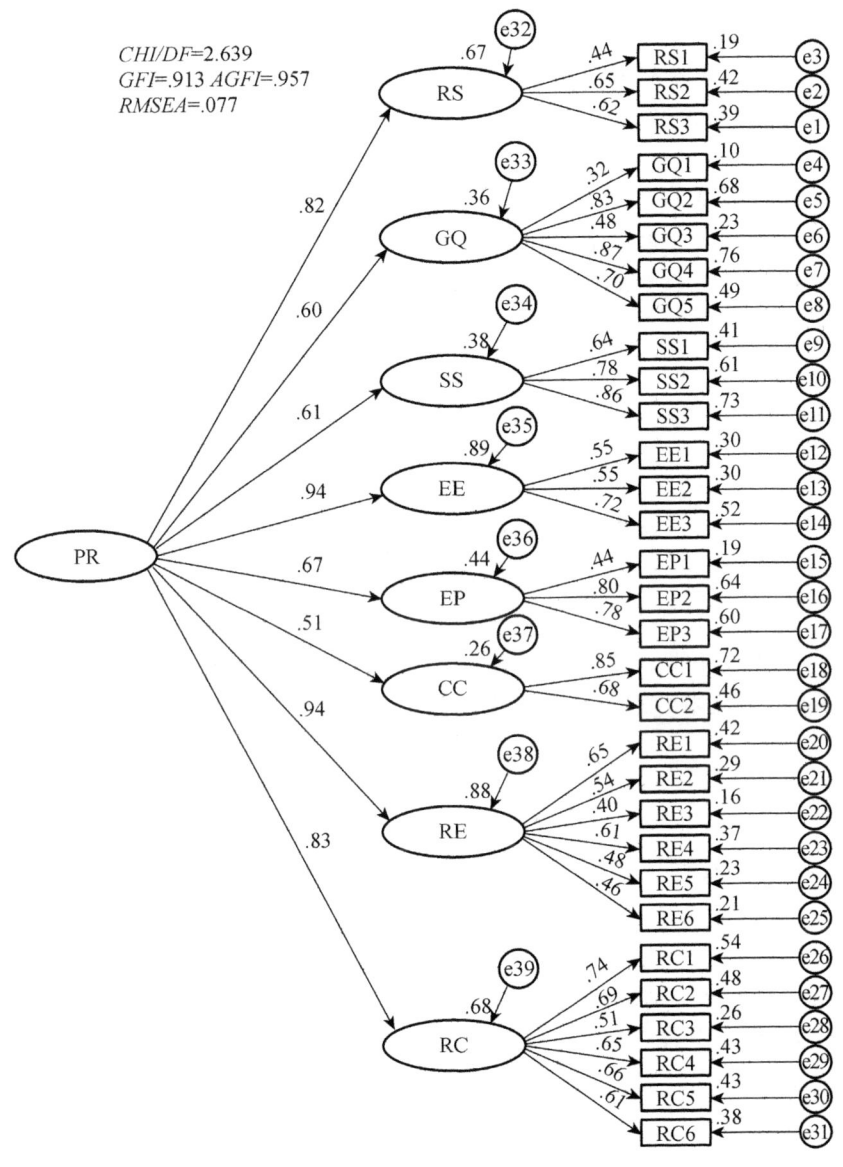

图 3-5 国际工程项目政治风险影响因素结构方程模型拟合结果

在国际工程政治风险影响因素的"东道国母国关系"维度,最重要的影响因素是"RS2 政治联系",其因子荷载为 0.65,说明两国间的政治联系的紧密更能体现东道国母国关系;最不重要的因素是"RS1 文化距离",其因子荷载为 0.44,说明两国间的文化距离对东道国母国关系影响最小。

在国际工程政治风险影响因素的"东道国政府治理水平"维度,最重要的影响因素是"GQ4 法治程度"(0.87)、"GQ2 行政效能"(0.83)和"GQ5 腐败控制度"(0.70),说明较高的法治程度、行政效能和腐败控制度更能体现较高的东道国政府治理水平;最不重要的因素是"GQ1 民主程度"(0.32)。

在国际工程政治风险影响因素的"东道国社会政治稳定度"维度、"SS3 种族主义"(0.86)、"SS2 宗教、民族关系"(0.78)和"SS1 政治稳定性"(0.64)三个影响因素的重要性程度都较高。

在国际工程政治风险影响因素的"东道国经济环境"维度,最重要的影响因素是"EE3 信用评级"(0.72),"EE1 经济自由度"(0.55)和"EE2 贸易促进指数"(0.55)是比较重要的影响因素。

在国际工程政治风险影响因素的"东道国经济表现"维度,最重要的影响因素是"EP2 通货膨胀"(0.80)和"EE3 汇率波动"(0.78),"EE1 GDP 增长"(0.44)则显得不那么重要。

在国际工程政治风险影响因素的"东道国建筑产业地位"维度,最重要的影响因素是"CC1 建筑业成熟度"(0.85),"CC2 建筑业与国民经济目标一致性"(0.68)则不是十分重要。

在国际工程政治风险影响因素的"项目风险暴露"维度,最重要的影响因素是"RE1 东道国对项目的需求度"(0.65)和"RE4 有利的合同条件"(0.61)。

在国际工程政治风险影响因素的"项目风险应对能力"维度,最重要的影响因素是"RC1 承包商与东道国政府的关系"(0.74),"RC2 承包商与东道国社会组织的关系"(0.69)、"RC5 承包商的国际工程与政治风险经验"(0.66)、"RC4 承包商本地化程度"(0.65)、"RC6 承包商项目管理水平"(0.61)四个影响因素的重要性也比较高。

通过构建该模型,国际工程项目的政治风险及其影响因素各维度之间的关系可以被清晰地表达出来,可以从中发现对国际工程项目的政治风险贡献最为突出的指标和分组。

3.4 本章小结

本章基于风险传导理论和脆弱性理论建立了政治风险的形成框架,并基于该框架识别出了国际工程政治风险的影响因素,进而通过对来自学术界和产业界的专家进行问卷调查,验证了国际工程政治风险的影响因素的合理性和科学性。本章的主要结论如下:

(1) 国际工程的政治风险的形成过程包括东道国政治系统状态、威胁、政治风险事件、政治风险后果四个过程;而国际工程项目的脆弱性由项目的风险暴露程度与项目的风险应对能力两方面构成,国际工程项目的脆弱性可对政治风险的形成过程起到桥梁、促进或者抑制、阻断等作用。

(2) 国际工程政治风险的影响因素包括东道国政治系统的状态和国际工程项目脆弱性两个方面。其中东道国政治系统的状态包括东道国母国联系、东道国政府治理水平、东道国社会政治稳定度、东道国经济环境、东道国经济表现、东道国建筑产业地位共六个类别；工程项目脆弱性包括项目的风险暴露和项目风险应对能力两个类别。

（3）根据问卷结果，所有的影响因素都是重要的。对于政治风险的贡献而言，影响国际工程政治风险的最关键因素是"东道国经济环境"和"项目风险暴露"，同时"项目风险应对能力"和"东道国母国关系"也是非常重要的。此外，学术界和产业界除了对个别因素的认识存在一定差异以外，对大部分因素的认识具有一致性。

4 国际工程政治风险的案例调研及形成路径分析

4.1 国际工程政治风险案例收集

4.1.1 问卷设计

本研究采用问卷调研的方式获取国际工程项目及其政治风险的相关信息,问卷共分为三大部分。第一部分为被调查者的基本信息,包括其学历、职位、从事国际工程的时间等信息;第二部分为项目概况及项目的政治风险影响因素情况,其中项目概况包括项目名称、项目所在地、承包商名称、项目类型、项目起讫时间、项目合同额等信息;第三部分为项目政治风险信息,包括项目发生政治风险的类型、时间以及后果。

对于本书第3章识别出的国际工程政治风险影响因素,部分因素具体情况是通过问卷获得,部分是通过引用国际权威机构的评级报告中的数据获得,具体情况如表4-1所示。

表4-1 影响因素的测量

编号	因素	获取方式
RS		东道国母国关系
RS1	文化距离	Kogut and Singh Index
RS2	政治联系	中华人民共和国外交部
RS3	经贸联系	中华人民共和国商务部
GQ		东道国政府治理水平
GQ1	民主程度	世界银行 WGI 指数(World Govern Index)
GQ2	行政效能	世界银行 WGI 指数
GQ3	监管质量	世界银行 WGI 指数
GQ4	法治程度	世界银行 WGI 指数
GQ5	腐败控制度	世界银行 WGI 指数
SS		东道国社会稳定度
SS1	政治稳定性	Global Peace Index, Economist Intelligence Unit
SS2	宗教、民族关系	International Country Risk Guide, ICRG

续　表

编号	因素	获取方式
SS3	种族主义	Xenophobia Map，World Economic Forum
EE		东道国经济环境
EE1	经济自由度	Indices of Economic Freedom，Heritage Foundation
EE2	贸易指数	Global Enabling Trade Report，World Economic Forum
EE3	信用评级	标普
EP		东道国经济表现
EP1	GDP 增长	世界银行数据库
EP2	通货膨胀	世界银行数据库
EP3	汇率波动	世界银行数据库
CC		东道国建筑产业地位
CC1	建筑业产业成熟度	Index of Dealing with Construction Permits，World Bank
CC2	建筑业与国民经济目标一致性	问卷
RE		项目风险暴露
RE1	东道国对项目的需求度	问卷
RE2	公众对项目的态度	问卷
RE3	项目的技术、管理复杂度	问卷
RE4	有利的合同条件	问卷
RE5	项目大小	问卷
RE6	项目持续时间	问卷
RC		项目风险应对能力
RC1	承包商与东道国政府的关系	问卷
RC2	承包商与东道国社会组织的关系	问卷
RC3	承包商对当地经济的贡献程度	问卷
RC4	承包商的本地化程度	问卷
RC5	承包商的国际工程与政治风险经验	问卷
RC6	承包商的项目管理水平	问卷

其中，CC2 建筑业与国民经济目标的一致性、RE1 东道国对项目的需求度、RE2 公众对项目的态度、RE3 项目的技术管理复杂度、RC1 承包商与东道国政府的关系、RC2 承包商与东道国社会组织的关系、RC3 承包商对当地经济的贡献程度等较难通过具体信息衡量的因素，本问卷采用 5 级量表的方式来考察回答者对其所在项目的直观感受。

RE4 有利合同条件在问卷中包括：①有预付款；②付款节奏有利；③有政治风险担保条款；④有政治风险分担条款；⑤政治风险相关条款约定明确周到；⑥有国际仲裁条款。研究者根据项目具体有利合同条款的数量和种类确定其有利合同条件的程度。

RC4 承包商的本地化程度在问卷中包括：①供应商本地化；②人力资源本地化；③经营管理本地化；④在当地成立子公司；⑤引入当地资本。研究者根据承包商或项目具体的本地化形式或措施来确定其本地化程度。

RC5 承包商的国际工程与政治风险经验则从五个程度进行衡量：①在该项目所在国有大量项目经验；②在该项目所在国有少量项目经验，但有大量其他国家国际工程经验；③在该项目所在国有少量项目经验，但有少量其他国家国际工程经验；④首次进入该国市场，但不是首次进入国际市场；⑤首次进入国际市场。

RC6 承包商的项目管理水平则主要针对承包商对于政治风险相关的不当行为的管理，包括：①道德/宗教上的失误；②违背当地风俗习惯；③发生安全事故；④劳资关系紧张；⑤与工会敌对；⑥侵犯工人权利；⑦劳动环境恶劣；⑧对当地劳工的不公平待遇。研究者根据这些不当行为的发生种类及频率确定承包商针对政治风险的项目管理水平。

关于第三部分为项目政治风险信息，问卷所调查的政治风险事件指的是本研究第 2 章第 2.2.3 节所识别出的政治风险种类是否发生及发生时间。风险的后果则从人员伤亡、项目延误、经济损失三个方面衡量。最终问卷见附录 A。

此外，需要特别说明的是"EP2 通货膨胀"，虽然在世界银行数据库中可以很容易地查到各国在各年份的通货膨胀率，但通货膨胀并不像其他指标一样越大越好或越小越好，各国央行普遍认为，通货膨胀率的合理区间在 2% 左右（郭德煜，2009）。再加上通货紧缩（通货膨胀率小于零）的危害和难以调控性要远大于通货膨胀（殷剑峰，2015）。因此，本研究采用 1~5 级的李克特量表，对各国通胀情况进行打分，规则如表 4-2 所示。

表 4-2 通货膨胀率 5 级打分表

通货膨胀率/%	<-3;>10	-3~-1;7~10	-1~0;5~7	0~1;3~5	1~3
得分	1	2	3	4	5

4.1.2 调研过程

首先，研究团队选取十位来自于中国江苏国际经济技术合作公司的国际工程项目管理人员进行了预调研，在正式调研之前预调研，主要目的是改进问卷的提问方式，进一步调整指标和问项，尽量减少问题的歧义，使被试者准确无误地理解题目的含义，并尽可能提供真实可靠的答案。通过预调研，研究团队对部分难以回答和容易产生歧义的问题进行了修改，对于难以理解的题目加入了解释。例如，将建筑业与国民经济目标的一致性的打分解释为，该行业是社会发展亟须的，高度符合社会需求和国家的经济政治目标得 5 分，反之得 1 分。此外，还将大部分 5 级量表改为易于理解的 5 级程度的具体描述。

正式调研于 2014 年 6 月至 12 月展开。研究团队共挑选了 100 家中国的具有国际承包业务的建筑业企业，其中 50 家来自于近三年入围 ENR top 250（225）强国际承包商的中国企业，50 家来自于非 ENR top 250（225）强国际承包商的中国企业。每家企业联系若干国际工程管理人员，通过电子邮件、"问卷星"网站、面对面访谈等方式，共计发放 1 000 份问卷。最终回收来自 38 家不同企业的共计问卷 373 份，回收率 37.3%。每份问卷代表一个国际工程案例，其中数据完整的案例 301 个，数据不完全案例 62 个。

1) 样本描述性统计分析

首先对案例样本的基本特征进行描述性统计分析,如表 4-3 所示。

表 4-3 案例样本的基本特征统计表

项 目		N	%
公司(N=38)	ENR top 250(225)	28	73.7
	Others	10	26.3
回答者(N=301)	Job Title — Senior Management	62	20.60
	Job Title — Project Management	191	63.46
	Job Title — Project Engineer	48	15.95
	Years of Experience — <5	41	13.62
	Years of Experience — 5~9	77	25.58
	Years of Experience — 10~20	142	47.18
	Years of Experience — >20	41	13.62
地区(N=301)	撒哈拉以南的非洲	100	33.22
	亚太地区	97	32.23
	中东地区	83	27.57
	拉美地区	15	4.98
	欧洲地区	4	1.33
	北美地区	2	0.66

最终案例来源中,ENR Top 250 承包商与非 ENR Top 250 承包商分别占比 73.7% 和 26.3%;案例提供者中,有 20.6% 的高级管理人员、63.46% 的项目管理人员,以及 15.95% 的项目工程师;其中,60% 以上具有 10 年以上的国际工程管理经验。这从来源上为案例的可靠性提供了基本保障。

关于案例的分布,90% 以上的案例来自于非洲、亚太地区,以及中东地区。根据 ENR 的统计数据,这些地区也是中国国际承包商的主要市场,说明案例的分布较为合理,符合中国国际承包商的特征。

2) 信度检验

在本调研中,案例的部分信息通过问卷的方式获得,其中有要求回答者填写案例的客观情况,比如项目起止时间、项目合同金额等;还有部分问题要求回答者填写自己对案例的主观感受,该部分信度检验仅针对案例收集问卷中需要回答者填写主观感受的题目。

本书选用 Alpha 信度系数法进行检验。根据研究表明,信度系数应当处于 0~1 之间,0.9 表示问卷信度很好,0.7 以上表示问卷的信度可以接受,0.7 以下则说明问卷中的一些项目需要抛弃(袁克峰,2009)。采用 SPSS 15.0 软件的可靠性分析(Reliability Analysis)对问卷结果进行检验,得到的 Cronbach's Alpha 系数为 0.755>0.7,表示问卷信度可以接受(表 4-4)。

表 4-4　国际工程项目政治风险案例信度分析表

问卷		N	%
	有效数	301	100.0
	排除数	0.0	0
	全部	100.0	301
	Cronbach's Alpha		变量数
	0.755		8

4.2　案例基本情况分析

1) 案例来源分布

本次调研共收集 301 个有效案例，这些案例分别来自于全世界 79 个国家，其中案例较多（大于 10 个）的国家包括阿尔及利亚（19 个）、巴基斯坦（17 个）、沙特阿拉伯（16 个）、安哥拉（15 个）、埃塞俄比亚（13 个）、苏丹（13 个）、越南（12 个）、阿联酋（12 个）。其中涉及"一带一路"倡议的国家 31 个（全球共 65 个"一带一路"倡议国家，分别来自东盟、南亚、西亚、中亚、独联体、中东欧），"一带一路"倡议国家中独联体国家和中东欧国家案例来源涉及较少；东盟、南亚、西亚和中亚国家案例来源涉及较多。来自"一带一路"倡议国家的案例共计 149 个，几乎占到全部案例的 50%。

这些国家可以大体分为两类，第一，中东地区经济良好、政治稳定的国家；第二，与中国政治联系紧密的第三世界国家。具有这些特点的国家是中国近年来国际工程承包的主要目的地。中国在这些国家拥有大量国际工程项目，除了经济目的之外，还包括寻求资源和保持政治联系等目的。案例来源分布如图 4-1(a) 所示。这些国家按照地区的分布情况如图 4-1(b) 所示。

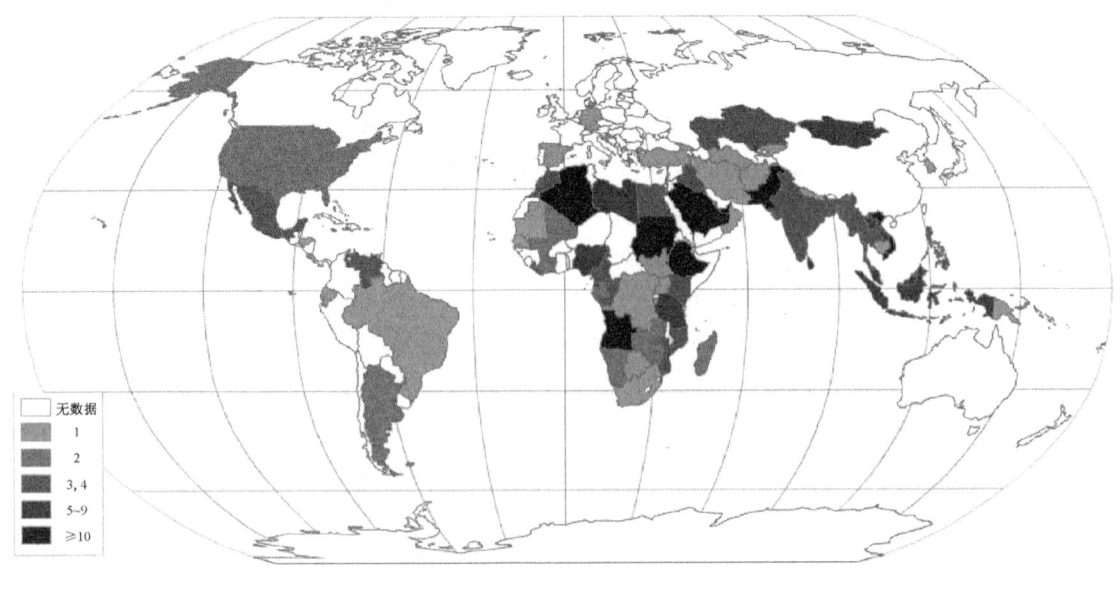

(a) 按国家

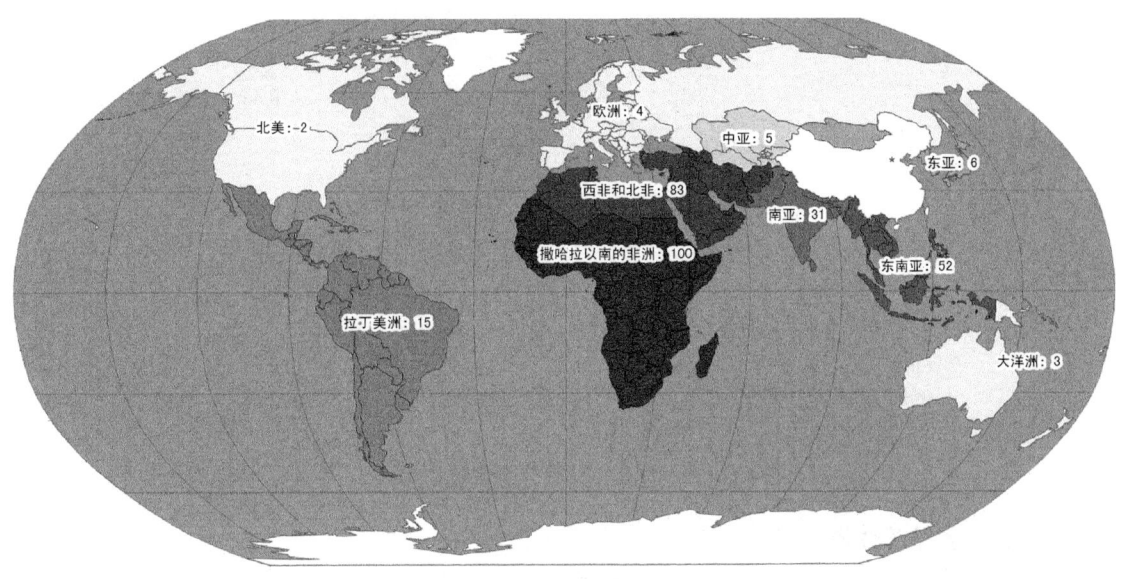

(b) 按地区

图 4-1 案例来源分布图

将本研究所收集的 301 个案例的来源分布与 ENR 统计的中国国际承包项目分布相比较,得到的柱状图如图 4-2 所示。从图 4-2 中可以看出,本调研所收集的案例分布(按项目个数)与 ENR 统计的中国国际承包项目营业额分布(按营业额)基本一致,这说明本调研所获得的案例抽样合理,可以反映出中国国际承包项目的基本情况,具有代表性,可以用于后续研究。

	撒哈拉以南非洲	亚太地区	中东地区	拉美地区	欧洲地区	北美地区
■案例分布	42.86%	32.89%	17.28%	4.98%	1.33%	0.66%
■ENR统计分布	38.90%	32.50%	17.45%	6.70%	3.15%	1.30%

图 4-2 案例分布与 ENR 统计比较图

2) 项目所属行业

根据 ENR 的分类,国际工程承包项目按照行业可分为房屋建筑(Building)、交通运输(Transportation)、石油化工(Petroleum)、电力(Power)、工业(Industrial)、水利(Water)、排水排污(Sewer/Waste)、制造业(Manufacturing)、电信(Telecom)、有害废物处理(Hazardous Waste)和其他(Others)共 11 个类别。本调研所收集的案例按照行业分布情况统计如图 4-3 所示。

由图 4-3 可以看出,中国的国际工程承包业务主要以房屋建设以及交通、电力、水利等基础设施建设为主。而工业、石油、排水排污、有害废弃物处理等行业的项目较为匮乏。

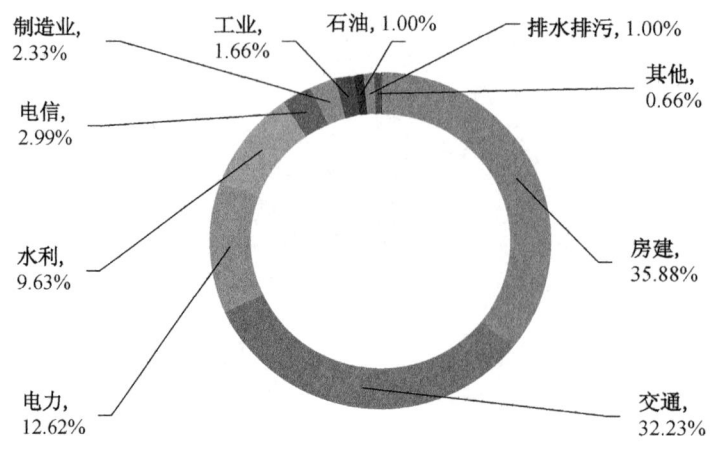

图 4-3 案例按行业分布情况统计图

3) 项目承包商性质

在本调研所收集的 301 个项目案例中，有 274 个项目的承包商为国有企业，占比 91.03%；仅有 27 个项目的承包商是民营企业，占比 8.97%。此外，27 个民营企业为承包商的国际工程项目都为规模较小的房屋建筑项目。这说明中国的国际承包商以国有企业为主，民营企业的力量还相对弱小。

4) 项目资金来源

在本调研所收集的 301 个项目案例中，有 119 个项目的资金来源涉及中国直接投资、中国贷款、中国援助等，占比达到 39.53%。说明以中国资金为主导的项目仍然是中国国际承包商的主要项目来源。

5) 政治风险发生频次

在本调研所收集的 301 个项目案例中，不同类型政治风险的发生频次统计如图 4-4 所示。

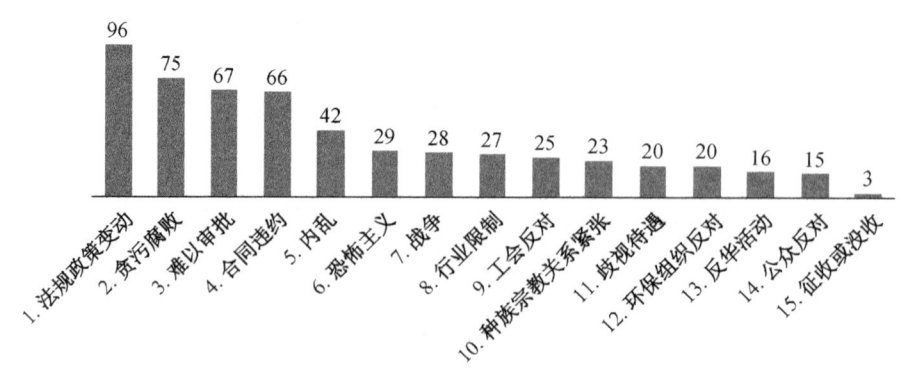

图 4-4 不同类型政治风险的发生频次统计图

从柱状图中可以看出，发生频次比较高的政治风险分别是法规政策变动(96 次)、贪污腐败(75 次)、难以审批(67 次)、合同违约(66 次)。而恐怖主义和犯罪活动、战争、行业限制、工会反对、种族宗教关系紧张、歧视待遇、环保组织反对、反华活动、公众反对、征收或没收等发生频次较低。其中政府直接征收或没收这一较为直接和剧烈的政治风险发生频次最低,仅为3次。由此可见,有些较为温和的政治风险影响有限,但发生的频次很高;较为剧烈的政治风险发生频次则较为有限。这说明任何形式的政治风险都应当引起足够重视,也为政治风险的评估和预测带来了一定的复杂性。

统计不同类型政治风险在各个地区的发生频数及频率,得到表4-5。

表4-5 不同类型政治风险在各个地区的发生频数及频率

地区	涉及国家	涉及案例	政治风险类型发生频数及频率														
			1	2	3	4	5	6	7	8	9	10	11	12	13	14	15
撒哈拉以南的非洲	26	100	35	31	20	18	11	6	9	4	10	7	7	7	2	7	0
			35%	31%	20%	18%	11%	6%	9%	4%	10%	7%	7%	7%	2%	7%	0%
西亚和北非	15	83	27	12	22	25	13	8	10	11	3	3	4	5	0	2	2
			33%	14%	27%	30%	16%	10%	12%	13%	4%	4%	5%	6%	0%	2%	2%
东南亚	10	52	7	12	8	4	7	0	3	8	2	3	4	4	9	3	1
			13%	23%	15%	8%	13%	0%	6%	15%	4%	6%	8%	8%	17%	6%	2%
南亚	6	31	8	10	7	9	7	11	6	1	0	10	0	1	0	3	0
			26%	32%	23%	29%	23%	35%	19%	3%	0%	32%	0%	3%	0%	10%	0%
拉丁美洲	9	15	10	3	6	4	0	2	0	0	1	7	0	1	0	0	0
			67%	20%	40%	27%	0%	13%	0%	7%	47%	0%	0%	7%	0%	0%	0%
东亚	2	6	3	2	2	2	2	2	0	1	0	1	1	4	0	0	
			50%	33%	33%	33%	33%	33%	0%	17%	0%	17%	17%	67%	0%	0%	
中亚	3	5	3	3	1	2	0	0	0	0	0	1	1	0	0	0	0
			60%	60%	20%	40%	0%	0%	0%	0%	0%	20%	20%	0%	0%	0%	0%
欧洲	4	4	1	0	1	1	1	0	0	0	1	0	0	0	0	0	0
			25%	0%	25%	25%	25%	0%	0%	0%	25%	0%	0%	0%	0%	0%	0%
大洋洲	3	3	2	2	0	1	1	0	0	1	0	0	2	0	1	0	0
			67%	67%	0%	33%	33%	0%	0%	33%	0%	0%	67%	0%	33%	0%	0%
北美	1	2	0	0	0	0	0	0	0	1	1	0	1	0	0	0	0
			0%	0%	0%	0%	0%	0%	0%	50%	50%	0%	50%	0%	0%	0%	0%
总体	79	301	96	75	67	66	42	29	28	27	25	23	20	20	16	15	3
			32%	25%	22%	22%	14%	10%	9%	9%	8%	8%	7%	7%	5%	5%	1%

从上表可以看出,在撒哈拉以南的非洲,中国承包商遭遇的①法规政策变动、②贪污腐败、③难以审批、④合同违约等类型的政治风险频率较高(≥15%),说明在该地区这四种类型的政治风险发生较多,应引起重视;中国承包商所遭遇的①法规政策变动、②贪污腐败、⑨工会反对、⑭公众反对等类型的政治风险频率高于其在世界范围内的总体频率,说明在该地区,这四种类型的政治风险比其他地区更为严重。

在西亚和北非地区,中国承包商遭遇的①法规政策变动、③难以审批、④合同违约、⑤内乱等类型的政治风险频率较高(≥15%),说明在该地区这四种类型的政治风险发生较多,应引起重视;中国承包商所遭遇的①法规政策变动、③难以审批、④合同违约、⑤内乱、⑦战争、⑧行业限制、⑮征收或没收等类型的政治风险频率高于其在世界范围内的总体频率,说明在该地区,这四种类型的政治风险比其他地区更为严重。

在东南亚地区,中国承包商遭遇的②贪污腐败、③难以审批、⑧行业限制、⑬反华活动等类型的政治风险频率较高(≥15%),说明在该地区这四种类型的政治风险发生较多,应引起重视;中国承包商所遭遇的⑧行业限制、⑪歧视待遇、⑫环保组织反对、⑬反华活动、⑭公众反对、⑮征收或没收等类型的政治风险频率高于其在世界范围内的总体频率,说明在该地区,这四种类型的政治风险比其他地区更为严重。尤其是⑬反华活动的发生频率大大高出该类型政治风险的平均发生频率。

在南亚地区,中国承包商遭遇的①法规政策变动、②贪污腐败、③难以审批、④合同违约、⑤内乱、⑥恐怖主义、⑦战争、⑩种族宗教关系紧张等类型的政治风险频率较高(≥15%),说明在该地区这四种类型的政治风险发生较多,应引起重视;中国承包商所遭遇的②贪污腐败、③难以审批、④合同违约、⑤内乱、⑥恐怖主义、⑦战争、⑩种族宗教关系紧张、⑭公众反对等类型的政治风险频率高于其在世界范围内的总体频率,说明在该地区,这四种类型的政治风险比其他地区更为严重。尤其是⑩种族宗教关系紧张的发生频率大大高出该类型政治风险的平均发生频率。

在拉美地区,中国承包商遭遇的①法规政策变动、②贪污腐败、③难以审批、④合同违约、⑨工会反对等类型的政治风险频率较高(≥15%),说明在该地区这四种类型的政治风险发生较多,应引起重视;①法规政策变动、③难以审批、④合同违约、⑥恐怖主义、⑨工会反对等类型的政治风险频率高于其在世界范围内的总体频率,说明在该地区,这四种类型的政治风险比其他地区更为严重。尤其是⑨工会反对的发生频率大大高出该类型政治风险的平均发生频率。

在东亚、中亚、欧洲、大洋洲、北美地区的案例数量较少,其结果不一定能够反映普遍规律。

4.3 国际工程政治风险的形成路径分析

4.3.1 结构方程模型简介

结构方程模型(Structural Equation Model,SEM)作为一种多元统计技术,是一种运用统计中的假设检验方法对有关现象的内在结构理论进行分析的一种统计方法,产生后迅速得到了普遍的应用(Finch,2009)。其应用起于 20 世纪 60 年代,20 世纪 70 年代初一些学者将因子分析、路径分析等统计方法整合,提出结构方程模型的初步概念。随后 Joreskog 与其合作者进一步发展了矩阵模型的分析技术来处理共变结构的分析问题,提出测量模型与结构模型的概念,促成结构方程模型的发展。在社会科学以及经济、市场、管理等研究领域,有时须处理多个原因、多个结果的关系,或者会碰到不可直接观测的变量(即潜变量),这些都是传统的统计方法不能很好解决的问题。结构方程模型的最大优势就是引入了潜变量,并且具有可以同时处理多个因变量,容许自变量和因变量含测量误差,同时估计因子结构和因子关系等优点。正因为如此,结构方程模型开始在心理学、教育学、社会学、经济学等领域得到了广泛的应用。

为了更清晰地阐述结构方程模型和传统的统计方法的区别,现对三种分析方法进行对比分析。

线性相关分析:线性相关分析指出两个随机变量之间的统计联系。两个变量地位平等,没有因变量和自变量之分。因此相关系数不能反映单指标与总体之间的因果关系。

线性回归分析:线性回归是比线性相关更复杂的方法,它在模型中定义了因变量和自变量。但它只能提供变量间的直接效应而不能显示可能存在的间接效应。而且会因为共线性的原因,导致单项指标与总体出现负相关等无法解释的数据分析结果。

结构方程模型分析:结构方程模型是一种建立、估计和检验因果关系模型的方法。模型中既包含有可观测的显在变量,也可能包含无法直接观测的潜在变量。结构方程模型可以替代多重回归、通径分析、因子分析、协方差分析等方法,清晰分析单项指标对总体的作用和单项指标间的相互关系。

简单而言,与传统的回归分析不同,结构方程分析能同时处理多个因变量,并可比较及评价不同的理论模型。与传统的探索性因子分析不同,在结构方程模型中,我们可以提出一个特定的因子结构,并检验它是否吻合数据。通过结构方程多组分析,我们可以了解不同组别内各变量的关系是否保持不变,各因子的均值是否有显著差异。目前,已经有多种软件可以处理 SEM,包括:LISREL,AMOS,EQS,Mplus。

结构方程模型可分为测量方程(Measurement Equation)和结构方程(Structural Equation)两部分,测量方程主要表示观测变量和潜变量之间的关系,其表达式通常写为(成子娟,等,2006):

$$x = A_x\xi + \delta \tag{4-1}$$

$$y = A_y\eta + \varepsilon \tag{4-2}$$

其中,x 为外生观测变量向量;y 是内生观测变量所构成的向量;A_x 是外生观测变量在外源潜变量上的因子负荷;A_y 是内生观测变量在内生潜变量上的因子负荷;δ 是外生变量 x 的误差向量;ε 是内生变量 y 的误差向量。

结构方程主要表示潜变量之间的关系,其表达式通常写为:

$$\eta = B\eta + \Gamma\xi + \zeta \tag{4-3}$$

其中,η 是内生潜变量向量,ξ 是外生潜变量向量;B 是内生潜变量 η 的系数矩阵;Γ 是外生潜变量 ξ 的系数矩阵;ζ 为结构方程的残差项,表示模型内未能解释的部分。

$$B = \begin{bmatrix} B_{11} & B_{12} & \cdots & B_{1m} \\ B_{21} & B_{22} & \cdots & B_{2m} \\ \vdots & \vdots & \vdots & \vdots \\ B_{m1} & B_{m2} & \cdots & B_{mn} \end{bmatrix}; \quad \Gamma = \begin{bmatrix} \Gamma_{11} & \Gamma_{12} & \cdots & \Gamma_{1n} \\ \Gamma_{21} & \Gamma_{22} & \cdots & \Gamma_{2n} \\ \vdots & \vdots & \vdots & \vdots \\ \Gamma_{m1} & \Gamma_{m2} & \cdots & \Gamma_{mn} \end{bmatrix}$$

SEM的核心在于评价理论假设模型与样本数据是否契合，如果出现拟合不佳，须在兼顾理论合理性的前提下，对假设模型修正以达到拟合度要求。一般从整体拟合度和内在结构配适度两个方面评价模型的拟合度。具体拟合度的检验指标和检验标准如表4-6所示。在拟合度评价之前，需要先检验模型是否违反估计，包括模型解中出现负的误差方差、路径系数大于1或小于-1、协方差矩阵或相关矩阵不正定。如果存在上述情况，说明模型存在错误。

表4-6 模型拟合度检验指标及标准

类别		检验指标	检验标准
整体拟合度检验	绝对拟合度指标	卡方自由度比 χ^2/df	<3（良好）；<5（可接受）
		拟合度指数 GFI	>0.90（良好）；>0.80（可接受）
		调整后拟合度指数 $AGFI$	>0.80
		近似残差均方根 $RMSEA$	<0.05（良好）；<0.08（可接受）
	增值拟合度指标	Tuker-Lewis指数 TLI	>0.90
		相对拟合度指数 CFI	>0.90
	简约拟合度指标	简约拟合度指数 $PGFI$	>0.50
内在结构配适度检验	测量模型拟合度检验	因子负荷（$Factor\ Loading$）	最好介于0.50~0.95之间
		潜变量组合信度（$C.R.$）	>0.70
		潜变量平均方差抽取量（AVE）	>0.50
	路径系数检验	标准化路径系数	>-1，<1
		p值	显著

4.3.2 理论假设模型

根据本研究3.1节建立的国际工程政治风险形成框架，首先建立国际工程政治风险形成的假设理论模型。在假设理论模型中，除东道国政治系统的6个因素和国际工程项目脆弱性的2个因素导致政治风险后果外，8个因素之间的相关性也在考虑范围之内。首先，东道国政治系统的6个因素虽然从不同的角度反映了东道国政治系统的状态，这些因素并不是完全独立的，它们之间难免存在相互影响。其次，国际工程承包商在进入不同的东道国，面对不同政治环境时，也会选择不同的策略，并对国际工程项目的脆弱性产生影响。具体理论假设模型如图 4-5 所示。其实际路径需要进行进一步的分析和验证,其是否具有现实意义,也需要进一步的检验。

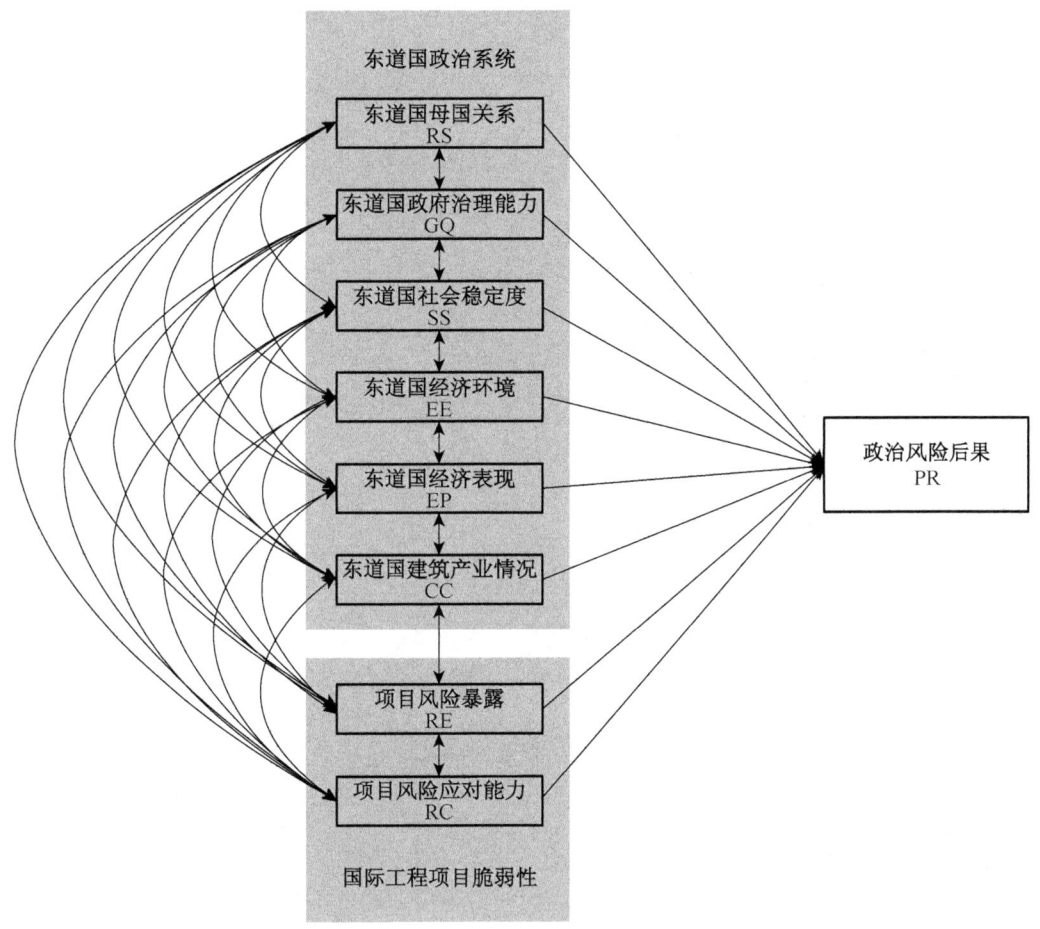

图 4-5 国际工程政治风险形成路径假设理论模型

4.3.3 模型检验与修正

1) 模型初步估计与检验

将本研究收集到的案例数据导入 AMOS 21,采用极大似然估计法,对理论假设模型(图 4-5)进行初步估计,标准化的模型估计结果如图 4-6 所示,图中符号含义同上文。模型中只有政治风险后果一个内生潜变量,其对应的观测变量为政治风险的经济损失(Economic Losses,EL)、时间损失(Time Losses,TL)以及人员伤亡(Personnel Casualties,PC)。其他潜变量均是对政治风险后果直接产生影响的外生潜变量。

由拟合结果可以看出,该模型存在问题。首先,EP 与 EE、SS、GQ、RS 之间的协方差系数的绝对值均大于 1,说明 EP 与 EE、SS、GQ、RS 之间存在较为严重的多重共线性,应考虑将 EP 删除。其次,CC 的两个观测变量的因子负荷均不满足要求,说明该因素的两个观测变量并不能很好地反映问题,应考虑删除。再次,EE 和 GQ 对 PR 的路径系数的绝对值大于 1,且二者间的协方差系数为 1,说明二者间存在较大的共线性,应考虑将删除二者其中之一。最后删除负荷过小的观测变量（包括 RS2、GQ1、SS3、RE3、RE4、RE5、RE6、RC3、RC4、RC5、RC6、PC）。得到初次修正模型，并再次运行模型，得到图 4-7，其中(a)为删除潜变量 EE 的拟合模型，(b)为删除潜变量 GQ 的拟合模型，二者的拟合度指标见表 4-7。

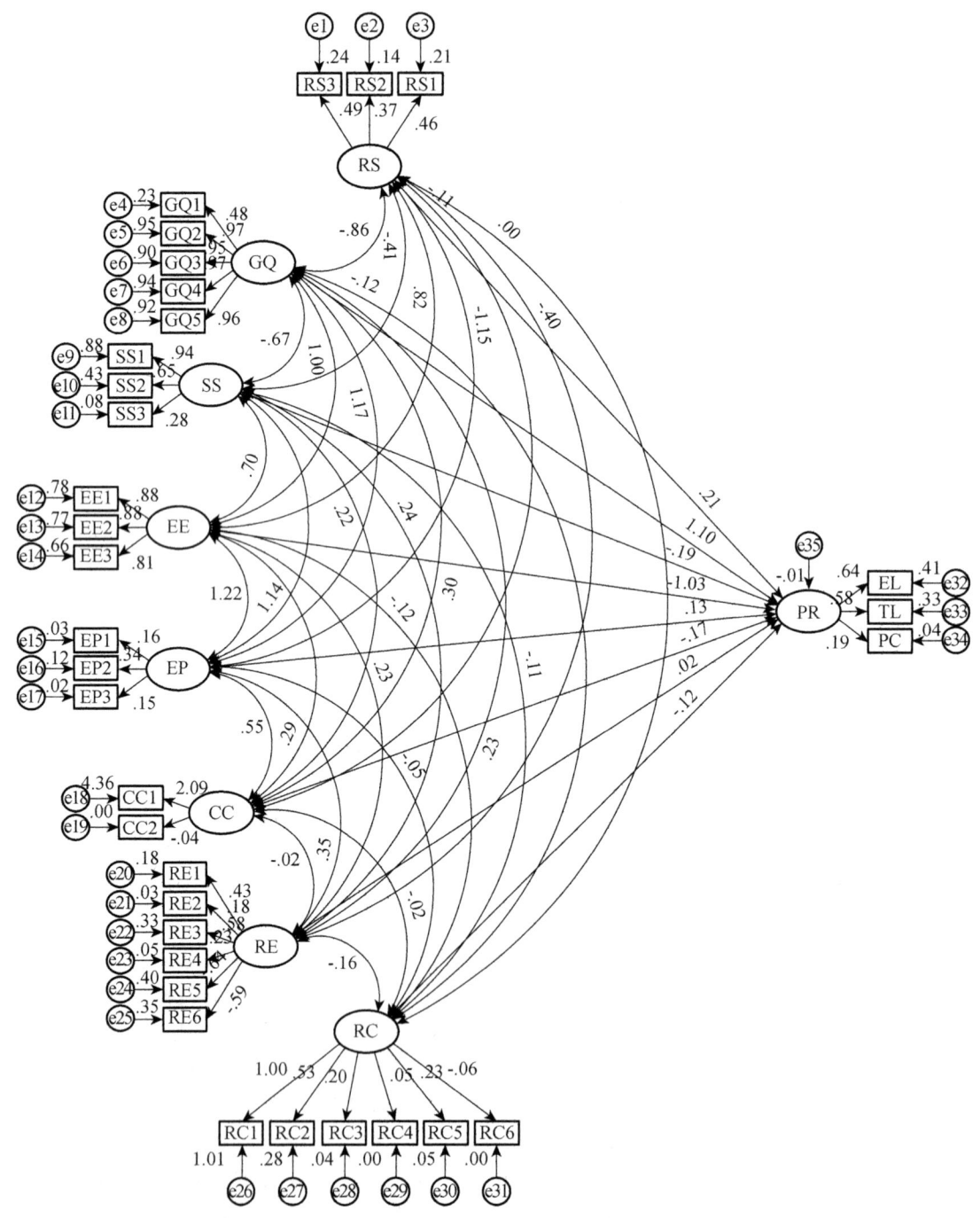

图 4-6　国际工程政治风险形成路径模型初步拟合

4 国际工程政治风险的案例调研及形成路径分析

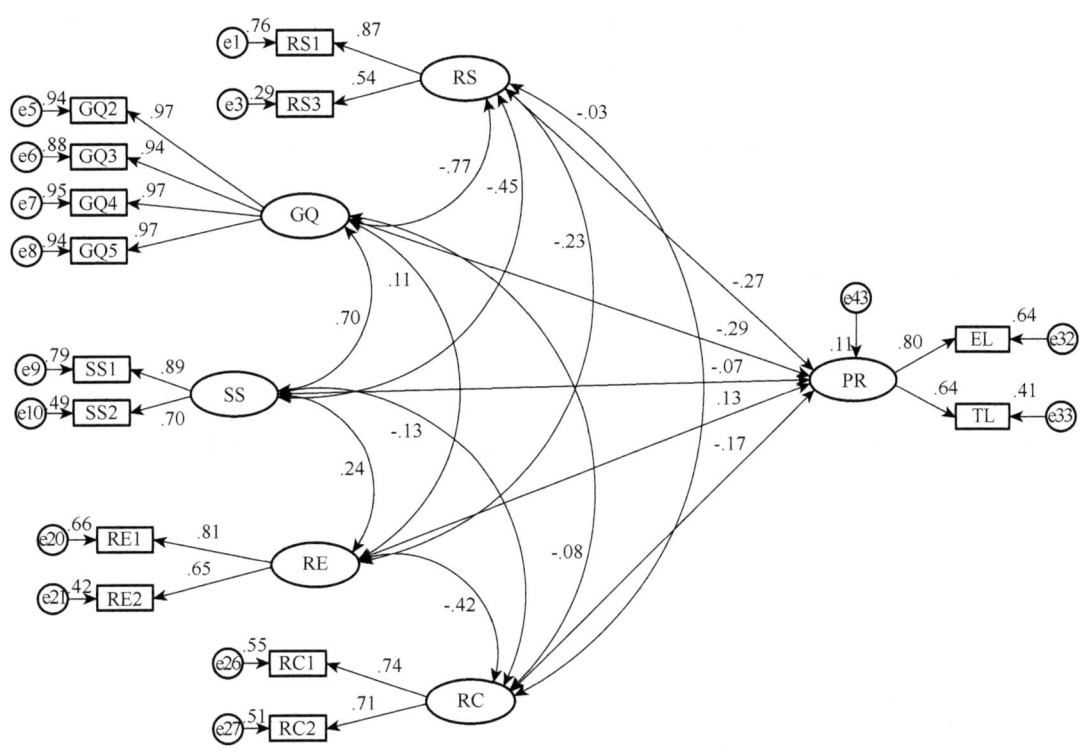

(a) 删除潜变量 EE 的拟合模型

(b) 删除潜变量 GQ 的拟合模型

图 4-7 初次修正后的模型拟合结果

表 4-7 修正后的模型拟合指标

指标	$\chi^2/\mathrm{d}f$	GFI	AGFI	RMSEA	TLI	CFI	PGFI
模型 a	2.360	0.941	0.900	0.067	0.954	0.969	0.556
模型 b	3.330	0.928	0.869	0.088	0.853	0.906	0.510

由表 4-7 可以看出,模型(a)的各方面拟合指标都优于模型(b),且均可以满足检验标准的要求,所以接下来选择模型(a)作进一步分析。

2) 测量模型内在结构配适度检验

通过检验测量模型的内在结构配适度,再次修正模型以提高模型的拟合度。对测量模型的检验就是对观测变量与相关潜变量之间关系检验的过程。初次修正模型共包含 6 个潜变量和 14 个观测变量,计算各变量的检验值,如表 4-8 所示。可以看出,所有潜变量的平均方差抽取量均大于 0.5;GQ、SS 和 RE 的组合信度大于 0.7;RS、RC、PR 的组合信度大于 0.6,且非常接近 0.7。总体而言,测量模型满足内在结构配适度要求。

表 4-8 测量模型内在结构配适度检验结果

变量		因子负荷(Loading)	组合信度(C.R.)	平均方差抽取量(AVE)
RS	RS1	0.87	0.68	0.52
	RS2	0.54		
GQ	GQ2	0.97	0.98	0.93
	GQ3	0.94		
	GQ4	0.97		
	GQ5	0.97		
SS	SS1	0.89	0.78	0.64
	SS2	0.70		
RE	RE1	0.81	0.70	0.54
	RE2	0.65		
RC	RC1	0.74	0.69	0.53
	RC2	0.71		
PR	EL	0.80	0.69	0.53
	TL	0.64		

3) 路径系数检验

为验证理论模型中潜变量之间的关系,对其进行路径系数检验。结构方程模型的路径标准化系数及相关检验值如表 4-9 所示。

表 4-9　结构模型路径估计及检验值(1)

编号	模型路径	标准化路径系数	p 值	显著性结果
1	PR←RS	−0.27	0.382	不显著
2	PR←GQ	−0.29	0.344	不显著
3	PR←SS	−0.07	0.666	不显著
4	PR←RE	0.13	0.416	不显著
5	PR←RC	−0.17	0.169	不显著

由表 4-9 可以看出,所有的路径系数均达不到显著性水平的要求,因此需要删除部分不显著的路径。对于路径的删除,每次只能删除一条,因为一条路径的删除可能会对其他的路径产生影响,并且,每一条路径的删除,都不能与理论相违背。首先删除最不显著(即 p 值最高)的路径,即路径 PR←SS。得到新的路径模型,其路径标准化系数及相关检验值如表 4-10 所示。

表 4-10　结构模型路径估计及检验值(2)

编号	模型路径	标准化路径系数	p 值	显著性结果
1	PR←RS	−0.35	0.206	不显著
2	PR←GQ	−0.41	0.071	不显著
3	PR←RE	0.09	0.521	不显著
4	PR←RC	−0.20	0.111	不显著

由表 4-10 可以看出,四条路径系数仍然不能满足显著性水平的要求,因此继续删除最不显著(即 p 值最高)的路径,即路径 PR←RE。得到新的路径模型,其路径标准化系数及相关检验值如表 4-11 所示。

表 4-11　结构模型路径估计及检验值(3)

编号	模型路径	标准化路径系数	p 值	显著性结果
1	PR←RS	−0.45	0.046	显著
2	PR←GQ	−0.48	0.029	显著
3	PR←RC	−0.26	0.011	显著

由表 4-11 可以看出,所有的路径系数均已达到显著性水平。修正后模型如图 4-8 所示,其各项拟合指标情况如表 4-12 所示,可以看出,经过对模型的修正,各个拟合指标都达到较为良好的水平,能够较好地描述实际观测到的变量关系。

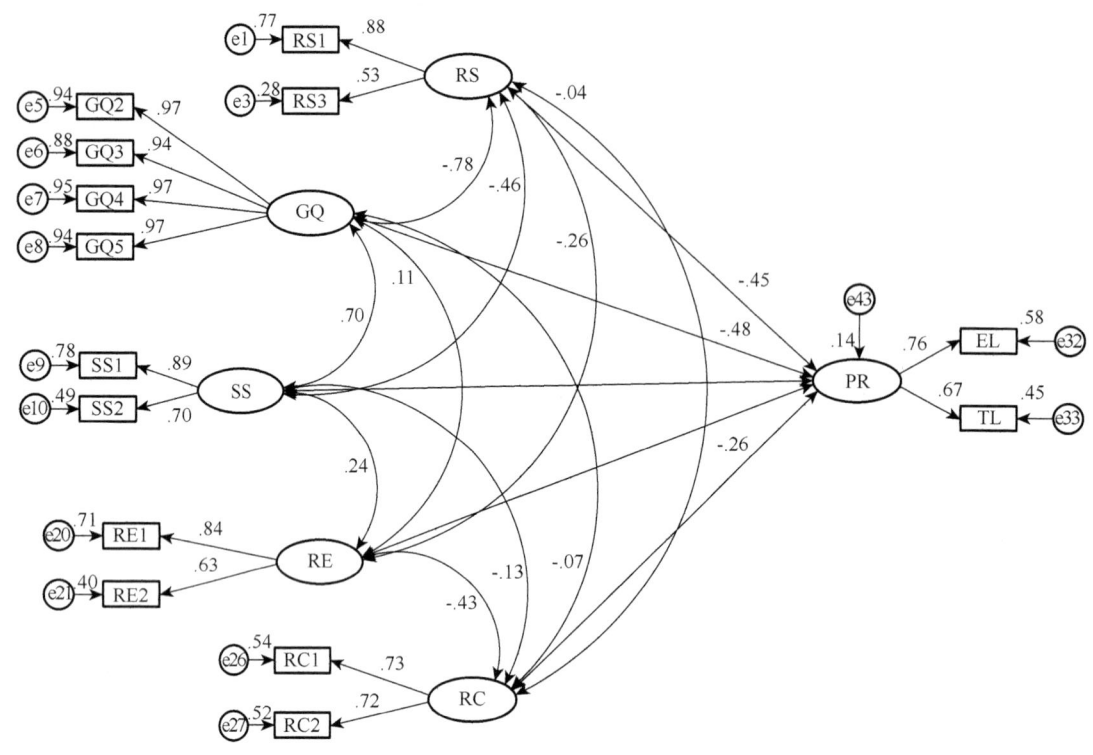

图 4-8 国际工程政治风险形成路径最终拟合模型

表 4-12 最终拟合模型拟合度指标

指标	χ^2/df	GFI	AGFI	RMSEA	TLI	CFI	PGFI
最终模型	2.30	0.941	0.903	0.066	0.956	0.969	0.573

4) 国际工程政治风险形成路径模型结论分析

从最终拟合模型中,分析得出以下结论:

(1) 东道国母国关系、东道国政府治理水平以及项目风险应对能力与政治风险后果呈现出显著的负相关关系,即较好的东道国母国关系、较高东道国政府治理水平以及较强的项目风险应对能力可以显著降低国际工程项目政治风险的不良后果。其中东道国政府治理水平的系数绝对值最大,说明东道国政府治理水平对政治风险后果具有最大的负向作用。

(2) 东道国社会政治稳定度以及项目风险暴露并不能直接对政治风险后果产生显著影响,而是通过影响其他因素进而间接影响国际工程项目政治风险后果。

(3) 其中东道国社会政治稳定度主要通过影响东道国政府治理水平间接影响政治风险后果,即东道国社会政治稳定性与东道国政府治理水平存在显著的正向共变关系,这与本书 3.2.1 节影响因素识别中对东道国社会政治稳定度的阐述是一致的。

(4) 项目风险暴露主要通过影响项目风险应对能力来间接影响政治风险后果,即较高的风险暴露会制约项目的风险应对能力,同时较强的项目风险应对能力可以弥补项目风险的暴露。

(5) 由东道国母国关系和其他几个潜变量的共变关系可以看出,与中国联系较为紧密的国家大部分呈现出东道国政府治理水平低、东道国社会政治稳定度差的趋势。但同时与东道国政府较为紧密的联系也降低了国际工程项目的风险暴露程度。

4.4 本章小结

本章通过调研收集并分析了来自世界各地的由中国作为母国的 301 个国际工程政治风险案例,提出了国际工程政治风险形成路径的理论假设模型,以 301 个案例的数据为基础,对模型的假设关系进行了验证和修正,并建立了国际工程政治风险形成路径的最终拟合模型。本章的主要结论如下:

(1) 以中国为母国的国际工程项目特征可以大体刻画为:以中东地区经济良好、政治稳定的国家或与中国政治联系紧密的第三世界国家为目的地,以房屋建筑和基础设施建设为主要内容,以国有企业为主力军,以中国投资或援助的项目为主要项目来源。

(2) 对于政治风险后果而言,东道国建筑产业地位这一因素对其影响较低;东道国经济表现作为东道国政府治理水平、东道国社会政治稳定性、东道国经济环境等因素的一种表现形式,并不对政治风险后果产生直接影响;东道国社会政治稳定性与东道国经济环境存在非常强的相关性,二者对政治风险后果的影响是类似的。

(3) 东道国母国关系、东道国政府治理水平以及项目风险应对能力与政治风险后果呈现出显著的负相关关系,这三者的提高可直接降低国际工程项目政治风险后果;东道国社会政治稳定度以及项目风险暴露对政治风险后果没有显著的直接影响,二者分别通过影响东道国政府治理水平和项目风险应对能力间接影响政治风险后果。

(4) 与中国联系密切的国家大多呈现出政府治理水平低、社会政治稳定度差的趋势。

5 国际工程政治风险智能预测模型建立

5.1 国际工程政治风险的智能预测模型框架

5.1.1 国际工程政治风险的智能预测模型基本思路

在风险预测领域,层次分析法(Li, et al., 2015)、模糊综合评价法(Sun, et al., 2014)、回归分析方法(Chang & Tsai, 2014)、时间序列方法(罗登跃,等,2005)、马尔科夫链方法(王春丽和胡玲,2014)、灰色系统方法(金灿灿,等,2015)、神经网络方法(郭鹏和文晓阁,2015)等多种方法在金融风险(罗登跃,等,2005;王春丽和胡玲,2014;陈磊和黄薇,2011)、财务风险(Chang & Tsai, 2014;王韧,等,2014)、灾害风险(Lai, et al., 2015;陈骥,等,2015)、安全风险(金灿灿,等,2015;司鹄和贾文梅,2014)、国家风险(施淑蓉和李建军,2015)等领域广为使用。然而这些方法也存在一定的局限。层次分析法和模糊综合评价法存在较多的主观性,难以反映事物的客观状态。回归分析法对样本数据要求较高,且缺乏对不确定性的分析能力。时间序列方法、马尔科夫链方法以及灰色系统方法主要针对数据序列本身趋势的预测,缺乏对预测对象内在影响因素的考虑,没有考虑各个因素之间的联系,不适用于国际工程政治风险的预测。而神经网络方法作为近些年发展起来的机器学习方法对解决复杂非线性问题具有重要价值,其通过对大量样本的学习自动提取合理的规则,具有较高的学习和预测能力。然而,国际工程政治风险本身所具有的不确定性,会导致神经网络模型的训练失败或过度拟合。训练失败是指国际工程政治风险的不确定性导致神经网络模型不能收敛;过度拟合是指神经网络模型将国际工程政治风险的不确定性当作确定性的规律进行分析,降低神经网络模型的预测精度。

鉴于政治风险的不确定性,在政治风险相关分析中,经常涉及模糊的、不一致的决策信息,这可能是多种原因造成的,而以确定性为基础的分析方法常常将这种不确定性简单地视为系统的噪声或误差,从而忽略其中可能蕴含的重要决策信息。贝叶斯网络作为一种智能化的数据挖掘和知识发现方法,其智能推理能力对于处理这种不确定、不一致的信息具有重要作用,已被广泛应用于疾病预知和诊断(Lappenschaar, et al., 2013)、故障诊断(何小飞,等,2011)、风险评估与预警(裘江南,等,2011;Dialsingh, 2014)。因此本研究应用贝叶斯网络从国际工程政治风险案例中挖掘知识,将不确定或不精确的知识以有向图加条件概率的形式直观且量化的表现出来。

然而,传统的贝叶斯网络的建立过程主要依赖主观经验,再加上本研究涉及的影响因素较多,直接建立贝叶斯网络势必缺乏说服力且异常复杂,而过于复杂的贝叶斯网络会导致计算复杂和过度拟合的问题。此外,本研究涉及不同种类政治风险的预测,不同政治风险的影响因素也不尽相同,若不加考虑直接使用上文识别出的影响因素进行建模,则难以避免在网络中引入不相关的节点,增加模型噪声,降低其预测能力。

因此,为了使贝叶斯网络的建立过程更加严谨,并且降低网络复杂度,提高节点相关性,进而提高贝叶斯网络的预测能力和预测效率,本研究首先使用Logistic回归模型对样本和影响因素进行分析,挖掘出每种政治风险对应的最相关的影响因素,以及影响因素之间的因果关系。以Logistic回归模型输出的结果为基础,建立贝叶斯网络结构,既保持贝叶斯网络推理过程的柔性和容错性,同时增加其网络结构的精确性(方耀宁,等,2014)。在贝叶斯网络的Netica软件中,利用第4章收集的案例数据作为样本对贝叶斯网络模型进行机器学习训练,得到基于贝叶斯网络的国际工程政治风险智能预测模型。

综上,本书建立国际工程政治风险的预测模型基本思路如图5-1所示。

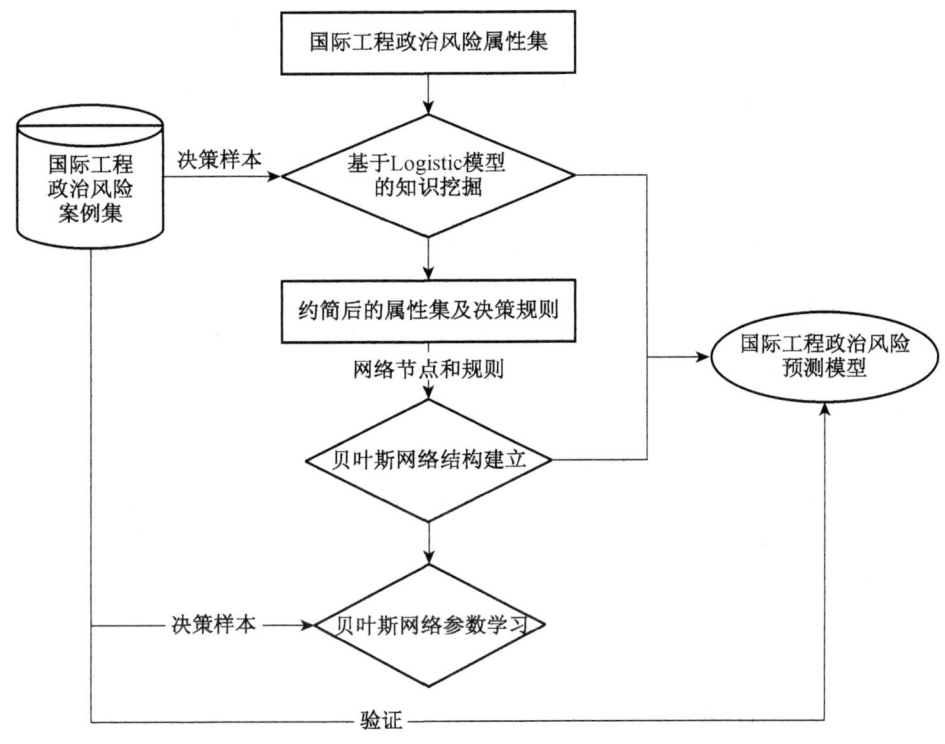

图5-1 国际工程政治风险的智能预测模型基本思路图

5.1.2 Logistic回归模型简介

Logistic回归模型是一种针对离散事件进行数据挖掘的建模方法(林金霞和郭旭东,2006)。离散事件是指模型中的被解释变量是不连续的,如是、否、同意、反对、弃权等分类变量。此时,需要一种模型可以预测某一个案属于某个分类的可能性。Logistic回归模型对于这种问题的数据挖掘具有强大的处理能力(林金霞和郭旭东,2006)。与线性回归不同,Logistic回归是一种非线性模型,普遍采用的参数估计方法是极大似然估计(李雪平,等,

2005)。Logistic 回归方法基于数据的抽样,可以筛选出对事件发生与否影响较为显著的因素,同时剔除不显著的因素,并能为每个显著的因素产生回归系数(刘瑞,等,2009)。

Logistic 回归模型的基本原理如下(陈平,2008):

假设决策空间中,自变量 $X=(x_1,x_2,\cdots,x_n)$,因变量为 y,y 值域为 $\{0,1\}$,

$$y = \begin{cases} 1 & (事件\ Y\ 发生) \\ 0 & (事件\ Y\ 不发生) \end{cases}$$

则 $P(y=1|X)$ 表示在 X 情况下,事件 Y 发生的条件概率,使用 Logistic 函数 $\ln\frac{p}{1-p}$ 为连接函数,于是 Y 的 Logistic 回归模型为:

$$\ln\frac{P(y=1|X)}{1-P(y=1|X)} = \alpha + \beta X \tag{5-1}$$

其中,α 和 β 为待估参数向量。

于是,事件 Y 发生的概率可以解释为一个由因变量 X 构成的非线性函数:

$$P(y=1|X) = \frac{\exp(\alpha+\beta X)}{1+\exp(\alpha+\beta X)} \tag{5-2}$$

Logistic 回归模型预测能力通过得到最大似然估计的表格来评价,它包括回归系数、回归系数估计的标准差、回归系数估计的 Wald 统计量和回归系数估计的显著性水平。正的回归系数值表示解释变量每增加一个单位值时发生比会相应增加,相反,当回归系数为负值时说明增加一个单位值时发生比会相应减少。Wald 统计量表示在模型中每个解释变量的相对权重,用来评价每个解释变量对事件预测的贡献度(刘瑞,等,2009)。

Logistic 回归模型的主要优点包括(金如锋,2011;杨志雄和袁岱菁,2011):不要求样本满足正态分布和方差齐性、可以处理自变量对因变量的非线性效应、回归系数的可解释性等。因此,Logistic 回归模型被广泛应用于疾病诊断(陈都,等,2011)、风险预警与预测(谢赤,等,2014;邵良杉和赵琳琳,2015)、信用评价(外力・依米提,2015;史小康和常志勇,2015)、行为分析(刘燕和纪晓岚,2014)等领域。取得了丰富的研究成果。

然而,Logistic 回归模型要求自变量之间是相互独立的,自变量之间存在的多重共线性,会增大估计参数的误差,甚至使模型的拟合产生错误的结果。因此,在进行 Logistic 回归时,需要对自变量进行多重共线性检验(Maekelburger & Kabst,2012)。

5.1.3 贝叶斯网络简介

贝叶斯网络是一种基于贝叶斯推理的风险量化方法(Heckerman,1997),也称为信度网络、因果网络或者推理网络,是由概率变量、节点和其间的有向连接构成。在这个网络中,原因和结果变量都用节点表示,节点也可以是任何问题的抽象,变量之间的相关或推论关系以有向连接表示,同时每个节点有一组有限的排他的状态,其似然分配表示为信度值。网络中节点的信度值表示事件本身的不确定性,条件概率则可以有效表示专家经验知识具有的不确定性。应用贝叶斯网络中对节点事件进行推理的方法是通过输入证据,节点的后验信度值被更新而实现的。

贝叶斯概率网络是一种数据推导,利用先验知识以及样本数据来获取对未知样本的评估。联合概率及条件概率则是先验信息以及样本数据信息的表现形式。

假设有 n 个互斥、全覆盖事件 $A_1,\cdots,A_n$。若 $P(A_1)$ 表示事件 A_1 的发生概率,则有 $\sum_{i=1}^{n}P(A_i)=1$,设 B 为任一事件,有:

$$P(A_i\mid B)=\frac{P(B\mid A_i)P(A_i)}{\sum_{i=1}^{n}P(B\mid A_i)P(A_i)} \tag{5-3}$$

公式(5-3)即为贝叶斯公式。其中 $P(A_1)$ 为先验概率。例如在实验中,事件 B 的发生,对事件 A_i 的发生可能有新的认识,概率 $P(A_i\mid B)$ 为后验概率。后验概率不仅综合了先验信息,也综合了试验中获得的新信息,所以能对 A_i 发生的可能性进行判断,而先验信息到后验信息的转化是贝叶斯统计最显著的特征。贝叶斯网络以有向无环图的形式对系统进行建模,用节点表示系统中的变量,用有向边表示变量之间的因果关系,用条件概率表示变量之间的相关程度,其可以表达和分析多源信息,进而处理不确定性问题。

贝叶斯网络也称因果网络或概率网络,这两个名称也从侧面反映了贝叶斯网络的图属性和概率属性。贝叶斯网络就是将概率关系赋值到表达因果关系的有向无环图中,形成能够表示变量间依赖关系的概率图,一般由结构和参数两部分组成,结构也就是其图形结构,即所谓的"有向无环图"(Directed Acyclic Graph)。贝叶斯网络中的节点表示因素和事件,也称作贝叶斯网络的变量。各变量之间的依赖关系,即事件之间的直接因果关系用节点间的有向弧表示,表示原因的节点称为"父节点",表示结果的节点称为"子节点"。图5-2中,节点 E_1 直接影响到节点 E_2,即 $E_1\rightarrow E_2$,建立节点 E_1 到 E_2 的有向弧 (E_1,E_2),则 E_1 为 E_2 的父节点,E_2 为 E_1 子节点。

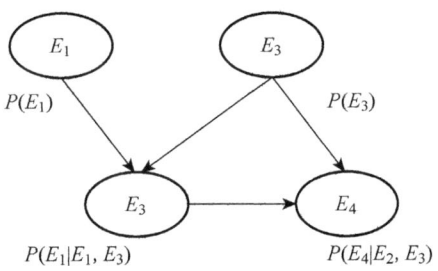

图5-2 贝叶斯网络示意图

贝叶斯网络的参数是指变量的条件概率分布。贝叶斯网络通过条件概率将变量对其父节点的依赖关系定量化,也可以称作弧的连接强度,体现了变量之间的直接相关性和条件相关性。每个子节点变量的参数用其在父节点取值状态下的条件概率表示,每个根节点的参数则使用边缘分布。节点 E_1、E_2、E_3、E_4 分别代表不同的事件,E_1、E_3 属于根节点,也是 E_2 的父节点,E_4 是 E_2 和 E_3 的子节点。E_1 和 E_3 的参数分别由其边缘分布 $P(E_1)$、$P(E_2)$ 表示;子节点 E_2 的参数则通过 $P(E_2\mid E_1,E_3)$ 表示,即在 E_1、E_3 发生的情况下,事件 E_2 的发生概率。从这一表达方式也可以推知事件 E_1、E_2、E_3 之间存在着一定的因果关系。

贝叶斯网络基于条件独立性假设,节点的条件概率如式(5-4)所示。

$$P(E_1, E_2, \cdots, E_n) = \prod_{k=1}^{n} P(E_k \mid \text{parent}(E_k)) \tag{5-4}$$

贝叶斯网络具有以下的一些特点：

(1) 条件独立性：由于贝叶斯网络假定条件独立性,在求变量的概率信息时,只需要考虑与该变量有关的有限变量,这就大大简化了问题的求解难度,从而使得许多复杂问题得到可行的解决方法。

(2) 基于概率论的严格推理：贝叶斯网络是一种不确定性知识表达与推理模型,它的推理原理基于贝叶斯概率理论,推理过程实质上就是概率计算。节点的条件概率主要来源于专家经验、专业文献和统计学习。

(3) 知识获取与推理的复杂度较小：由于贝叶斯网络具有条件独立的特点,因此可以减少知识获取与推理的复杂程度。也就是说,在知识获取时,只要关心与节点相邻的局部网络图;在推理计算时,只要已知节点的相关节点的状态即可估计该节点的概率信息。

与传统进行风险分析采用的故障树方法相比,贝叶斯网络作为一种图形化的建模工具,具有一系列的优点：①贝叶斯网络将有向无环图与概率论有机结合,不但具有正式的概率理论基础,同时也具有更加直观的知识表示的形式；②同一分析模型中既可包含定性的变量,又可包含定量的变量；事件的状态描述不仅限于正常和失效两种状态的描述,它可以描述事件的各种可能存在的状态以及变量独立及相关状态的相容性,可以解决共因失效问题；③贝叶斯网络节点之间是相互影响的,任何节点观测值的改变都会对其他节点造成影响,并可利用贝叶斯网络推理功能来进行估计和预测；④贝叶斯网络能够识别必需的和不相关的信息,利用条件独立性排除高冗余对称结构,使得网络数随着问题规模线性增长,网络结构比较紧凑。

贝叶斯网络的推理并不局限于只顺着弧的方向推理。贝叶斯网络将一个联合概率分布直观地表达为一个图形结构和一系列的条件概率表,在已知某些变量取值的情况下,可以计算出感兴趣的节点变量的条件概率分布。最基本和最主要的推理形式有以下两种：

(1) 预测推理：是由原因推导出结果。贝叶斯网络可以充分利用变量之间的依赖信息进行预测,当已知一定的原因(证据),经推理计算,可求出在该条件下结果的概率分布。在本研究中可以理解为根据已知政治环境中一些变量的特征,预测更有可能发生什么样的风险。

(2) 诊断推理：是由结论来推知原因。目的是在已知结果时,找出产生该结果的原因。当已知某些结果的发生,经推理计算,可得出造成该结果发生的原因及其发生的概率,在本研究中可以理解为根据已经发生的政治风险的特征,推理政治环境的变化,寻找风险致因。

贝叶斯网络的以上特性非常适合用于对事件的发生发展过程进行建模分析,适合于表达与事件发生发展相关的各种因素之间的复杂关联关系,适合于描述因素多态性以及因素间逻辑关系非确定性。通过概率推理,能够对事件的整个发生发展过程进行定量的分析预测。因此本书选择贝叶斯网络作为建模工具,对因素和事件形成的因果关系网络进行定量分析。

5.2 基于 Logistic 回归模型的影响因素筛选和规则提取

5.2.1 模型建立

根据本书第2章的定义,政治风险是一个较为宽泛的概念,本研究识别出了15种具体的政治风险,具体的政治风险及其在样本中的发生频次如第4章图4-4所示,然而有些政治风险类型发生频次较低,难以从中挖掘出有效信息,现将类似度较高的政治风险类型合并。

(1) 将难以审批、行业限制与歧视待遇合并,这三者都属于政策或行政上的歧视和限制;

(2) 将内乱、恐怖主义、战争、种族宗教关系紧张四者合并,这四者都属于政治暴力;

(3) 将工会反对、环保组织反对、公众反对三者合并,这三者属于针对性项目的反对活动;

(4) 反华活动、征收或没收涉及样本太少且难以和其他范畴合并,不再考虑。

合并后的结果如图5-3所示。

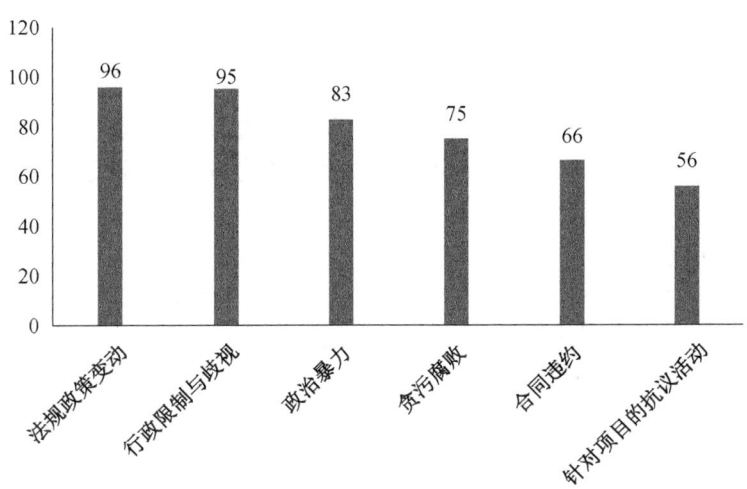

图 5-3 国际工程政治风险类型及其发生频次

由于与每一种政治风险的发生所相关的影响因素都不尽相同,因此本节须针对每一种具体的政治风险建立对应的 Logistic 回归模型,进而挖掘出每一种具体的政治风险所对应的影响因素及影响规则。

根据5.1.2节 Logistic 回归模型的基本理论,某一具体事件在自变量集 X 的影响下发生与否用分类变量 y 表示,本研究中 y_i 表示第 i 个国际工程政治风险,其赋值方法为:

$$y_i = \begin{cases} 1 & (政治风险\ i\ 发生) \\ 0 & (政治风险\ i\ 不发生) \end{cases}$$

自变量集为本研究第 3 章所识别出的 31 个国际工程政治风险影响因素：

$$X = \{x_1, x_2, \cdots, x_{31}\}$$
$$= \{RS1, RS2, RS3, GQ1, GQ2, GQ3, GQ4, GQ5, SS1,$$
$$SS2, SS3, EE1, EE2, EE3, EP1, EP2, EP3, CC1,$$
$$CC2, RE1, RE2, RE3, RE4, RE5, RE6, RC1, RC2,$$
$$RC3, RC4, RC5, RC6\}。$$

记第 i 个国际工程政治风险发生的概率为 $P(y_i = 1 \mid X)$，则其对应的回归模型为：

$$\ln \frac{P(y=1 \mid X)}{1 - P(y=1 \mid X)} = \alpha + \beta X$$

其中，α 和 β 为待估参数向量，$\beta = \{\beta_1, \beta_2, \cdots, \beta_{31}\}^T$，为 Logistic 回归的标准化回归系数。正(负)的回归系数代表其对应的影响因素的增加会导致某一政治风险发生概率的提高(降低)。

5.2.2 模型拟合及拟合结果

1) 模型拟合

本研究主要讨论的 Logistic 回归的模型拟合指标包括：

(1) 回归系数(Bata 值)

即模型中的 β_i，代表其对应的自变量对因变量的影响方向和程度，负值代表该自变量取值的增加会降低对应政治风险发生的概率，正值代表该自变量取值的增加会增加对应政治风险发生的概率。

(2) Wald 统计量

Wald 统计量表示在模型中每个解释变量的相对权重，用来评价每个解释变量对事件预测的贡献度。其取值越高，代表对应的自变量对回归模型越重要。

(3) 回归系数的显著性水平(p 值)

本研究取 $p<0.1$，代表回归系数具有统计学意义，即考虑 90% 的置信区间。

(4) 方差膨胀因子(VIF)

用来验证自变量之间的多重共线性。方差膨胀因子测量的是回归系数的方差由于共线性的原因所增大的程度，其值大于 10 表示对应的自变量存在较为严重的多重共线性(Hair, et al., 2006)。

(5) Hosmer-Lemeshow 检验的 p 值

Hosmer-Lemeshow 检验要比较的是实际观察频数与预测期望频数之间的差异是否有显著性，其 p 值越大表示模型拟合越好，其 p 值最好大于 0.1。

(6) 模型整体拟合显著性水平($Sig.$ 值)

要求该值小于 0.05，模型拟合过程如图 5-4 所示。

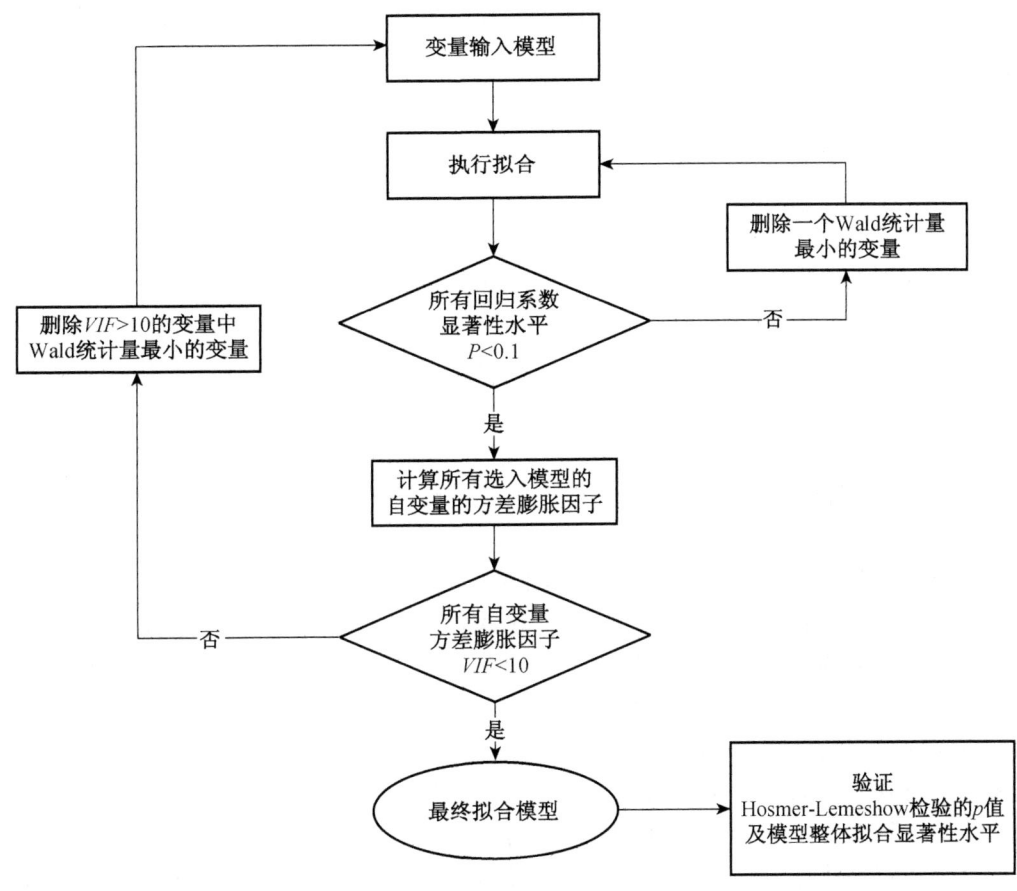

图 5-4 模型拟合过程

2)模型拟合结果

(1)法规政策变动

法规政策变动风险的 Logistic 回归模型拟合结果见表 5-1。

表 5-1 法规政策变动风险 Logistic 回归模型拟合结果

No.	Variables	B	S.E.	Wald	Sig.	VIF
1	RS1	0.719	0.358	4.031	0.045	1.290
2	RS3	−1.787	1.057	2.859	0.091	1.254
3	GQ5	−0.354	0.198	3.214	0.073	4.281
4	EE1	−0.039	0.019	4.051	0.044	3.854
5	EE2	−0.693	0.307	5.087	0.024	3.550
6	RE4	−0.278	0.128	4.732	0.030	1.029
7	RC6	−0.202	0.065	9.674	0.002	1.014

续 表

卡方	63.361
卡方检验的 p 值	0.000
伪 R^2	0.253
Hosmer & Lemeshow 检验	0.105

由表 5-1 可以看出，模型的拟合效果良好，最终选入模型的变量包括：RS1 文化距离、RS3 经贸联系、GQ5 腐败控制度、EE1 经济自由度、EE2 贸易促进指数、RE4 有利合同条件、RC6 承包商项目管理水平。这 7 个变量的方差膨胀因子（VIF）均小于 10，即不存在严重的多重共线性。

由拟合结果可以看出，与法规政策变动风险直接相关的变量为 RS1 文化距离、RS3 经贸联系、GQ5 腐败控制度、EE1 经济自由度、EE2 贸易促进指数、RE4 有利合同条件、RC6 承包商项目管理水平这 7 个变量。

根据 Wald 统计量，对于模型拟合来讲，最重要的变量是 RC6 承包商项目管理水平。根据标准化回归系数来看，对法规政策变动风险影响最大的变量是 RS3 经贸联系。

RS1 文化距离的标准化回归系数为正，也就是说文化距离越大越容易发生法规政策变动风险。较大的文化差异使得两国在法律法规、风俗习惯、经商方式等方面存在较大差异，增加双方相互理解的难度，从而使项目更容易面临法规政策变动风险。

RS3 经贸联系的标准化回归系数为负，也就是说中国与东道国的经贸联系越紧密，该东道国越不容易发生法规政策变动风险。两国间的经贸联系越紧密，意味着中国是该东道国更加重要的贸易伙伴，中国承包商与该国交流更多，了解更深；同时该国政府对中国承包商也更加尊重，因此发生针对中国承包商的法规政策变动风险也更低。

GQ5 腐败控制度的标准化回归系数为负，即该东道国对腐败的控制程度越高，在该国的中国承包商面临法规政策变动风险的可能性也就越低。更高的腐败程度意味着政府各项制度的不健全以及监督的缺乏，这种政治环境更加不稳定，也更容易导致法规政策变动。

EE1 经济自由度的标准化回归系数为负，即该东道国的经济自由度越高，在该国的中国承包商面临法规政策变动风险的可能性也就越低。经济自由度指的是政府对市场的干预程度，较高的政府干预意味着较为善变的政策。

EE2 贸易促进指数的标准化回归系数为负，即该东道国的贸易促进指数越高，在该国的中国承包商面临法规政策变动风险的可能性也就越低。贸易促进指数反映了一个国家对待外国投资的态度和做法，越高的贸易促进指数意味着该国政府对外国投资更加重视，其针对国际承包商的不利法规政策变更也会越少。

RE4 有利的合同条件的标准化回归系数为负，即该承包商在承揽国际工程时争取到的有利合同条件越多，其面临的法规政策变更风险也就越低。有利的合同条件主要包括政治风险担保、政治风险分担、国际仲裁等条款，这些条款可以将承包商难以控制的法规政策变更风险转移或分担。

RC6 承包商的项目管理水平的标准化回归系数为负，即该承包商的项目管理水平越高，其面临的法规政策变更风险也就越低。承包商较高的项目管理水平意味着承包商在实施项目的过程中发生与当地法规政策、道德规范、宗教民族习惯相违背的事件。因此,东道国政府针对该项目的法规政策变更风险也会降低。

(2) 行政限制与歧视

行政限制与歧视风险的 Logistic 回归模型拟合结果见表 5-2。

表 5-2　行政限制与歧视风险 Logistic 回归模型拟合结果

No.	Variables	B	S.E.	Wald	Sig.	VIF
1	EE2	0.298	0.129	5.364	0.021	1.021
2	RE3	−0.478	0.121	15.754	0.000	1.201
3	RE4	−0.247	0.128	3.706	0.054	1.040
4	RE5	0.131	0.067	3.905	0.048	1.168
5	RC6	−0.239	0.061	15.215	0.000	1.015
卡方					72.662	
卡方检验的 p 值					0.000	
伪 R^2					0.286	
Hosmer & Lemeshow 检验					0.229	

由表 5-2 可以看出,模型的拟合效果良好,最终选入模型的变量包括:EE2 贸易促进指数、RE3 项目的技术管理复杂度、RE4 有利的合同条件、RE5 项目大小、RC6 承包商的项目管理水平。这 5 个变量的方差膨胀因子(VIF)均小于 10,即不存在严重的多重共线性。

由拟合结果可以看出,与法规政策变动风险直接相关的变量为 EE2 贸易促进指数、RE3 项目的技术管理复杂度、RE4 有利的合同条件、RE5 项目大小、RC6 承包商的项目管理水平这 5 个变量。

根据 Wald 统计量,对于模型拟合来讲,最重要的变量是 RE3 项目的技术管理复杂度和 RC6 承包商项目管理水平两个变量。根据标准化回归系数来看,对于行政限制与歧视风险影响最大的变量是 RE3 项目的技术管理复杂度。

EE2 贸易促进指数的标准化回归系数为正,即该东道国的贸易促进指数越高,在该国的中国承包商面临行政限制与歧视风险的可能性反而越高。其原因可能是贸易促进指数较高的国家多为传统的经济发展较好的国家,这些国家往往对中国这一新兴经济体施加种种限制与歧视待遇。

RE3 项目的技术管理复杂度的标准化回归系数为负,即该承包商在承揽国际工程项目的技术和管理复杂程度越高,其面临的行政限制与歧视风险也就越低。这些技术、管理复杂程度高的项目主要集中在电力、水利、通信等领域。技术、管理复杂度较高的国际工程项目主要涉及中国的技术输出,是东道国所需要引进和学习的,东道国对中国承包商的依赖度较强。因此,其针对中国承包商的行政限制与歧视待遇的可能性也就越低。

RE4 有利的合同条件的标准化回归系数为负,即该承包商在承揽国际工程时争取到的有利合同条件越多,其面临的行政限制与歧视风险也就越低。

RE5 项目大小的标准化回归系数为正,即该承包商在承揽国际工程项目的规模越大,其面临的行政限制与歧视风险也就越高。规模越大的项目其风险暴露程度越高,面临的各项审查与限制也就更加严格,承包商所面临的行政限制也就越大。

RC6承包商的项目管理水平的标准化回归系数为负,即该承包商的项目管理水平越高,其面临的行政限制与歧视风险也就越低。承包商项目管理水平越高,就越不容易与当地政府和民众发生冲突,从而容易被当地政府所接受,建立稳定的关系,减少行政限制与歧视风险。

(3) 政治暴力

政治暴力风险的Logistic回归模型拟合结果见表5-3。

表5-3 政治暴力风险Logistic回归模型拟合结果

No.	Variables	B	S.E.	Wald	Sig.	VIF
1	GQ5	−0.756	0.411	3.394	0.065	1.634
2	SS1	1.331	0.359	13.745	0.000	1.632
3	SS3	−0.990	0.276	12.862	0.000	1.125
4	EP1	−0.070	0.036	3.851	0.050	1.065
5	RC5	−0.269	0.132	4.167	0.041	1.031
卡方				132.367		
卡方检验的p值				0.000		
伪R^2				0.474		
Hosmer & Lemeshow检验				0.483		

由表5-3、表5-2可以看出,模型的拟合效果良好,最终选入模型的变量包括:GQ5腐败控制度、SS1政治稳定性、SS3种族主义、EP1 GDP增长、RC5承包商的国际工程与政治风险经验这5个变量的方差膨胀因子(VIF)均小于10,即不存在严重的多重共线性。

由拟合结果可以看出,与政治暴力风险直接相关的变量为GQ5腐败控制度、SS1政治稳定性、SS3种族主义、EP1 GDP增长、RC5承包商的国际工程与政治风险经验这5个变量。

根据Wald统计量,对于模型拟合来讲,最重要的变量是SS1政治稳定性、SS3种族主义两个变量。根据标准化回归系数来看,对于行政限制与歧视风险影响最大的变量是SS1政治稳定性。

GQ5腐败控制度的标准化回归系数为负,即该东道国对腐败的控制程度越高,在该国的中国承包商面临政治暴力风险的可能性也就越低。腐败程度是一国政府治理水平的集中体现。较高的腐败程度导致社会矛盾的加深,增加政治暴力风险。

SS1政治稳定性的标准化回归系数为正,SS1的得分越高代表越差的政治稳定性,因此该东道国的政治稳定性越高,在该国的中国承包商面临政治暴力风险的可能性也就越低。政治稳定性指违宪行为或暴力行为导致东道国政府失衡或政府被推翻的可能性,主要包括战争、冲突、暴动、革命等政治暴力行动,以及恐怖主义行动。该变量与政治暴力风险紧密相关。

SS3 种族主义的标准化回归系数为负，SS3 的得分越低代表该国种族主义越严重，因此该东道国种族主义程度越高，在该国的中国承包商面临政治暴力风险的可能性也就越高。种族主义反映了东道国主流社会针对少数族裔或外国人的仇视、排挤、优越感等消极的态度或行为。严重的种族主义问题会增加恐怖袭击，以及针对外国人的暴力活动等政治暴力风险。

EP1 GDP 增长的标准化回归系数为负，即该东道国的经济增长越快，在该国的中国承包商面临政治暴力风险的可能性也就越低。较差的经济增长可能激化社会矛盾，导致该国社会动荡。

RC5 承包商的国际工程与政治风险经验的标准化回归系数为负，即该承包商的国际工程与政治风险经验越高，其面临的政治暴力风险也就越低。拥有较高国际工程与政治风险经验的承包商拥有更多的经验和措施来规避和应对政治暴力风险。

（4）贪污腐败

贪污腐败风险的 Logistic 回归模型拟合结果见表 5-4。

表 5-4 贪污腐败风险 Logistic 回归模型拟合结果

No.	Variables	B	S.E.	Wald	Sig.	VIF
1	GQ5	−1.014	0.308	10.838	0.001	2.255
2	SS1	−1.099	0.381	8.329	0.004	1.639
3	SS3	0.452	0.204	4.922	0.027	1.144
4	EP1	0.099	0.038	6.751	0.009	1.179
5	CC1	−0.025	0.012	4.147	0.042	1.834
6	RE5	0.116	0.069	2.840	0.092	1.059
7	RC6	−0.247	0.073	11.439	0.001	1.031
卡方				122.746		
卡方检验的 p 值				0.000		
伪 R^2				0.447		
Hosmer & Lemeshow 检验				0.704		

由表 5-4、表 5-3、表 5-2 可以看出，模型的拟合效果良好，最终选入模型的变量包括：GQ5 腐败控制度、SS1 政治稳定性、SS3 种族主义、EP1 GDP 增长、CC1 建筑业产业成熟度、RE5 项目大小、RC6 承包商的项目管理水平这 7 个变量的方差膨胀因子（VIF）均小于 10，即不存在严重的多重共线性。

由拟合结果可以看出，与贪污腐败风险直接相关的变量为 GQ5 腐败控制度、SS1 政治稳定性、SS3 种族主义、EP1 GDP 增长、CC1 建筑业产业成熟度、RE5 项目大小、RC6 承包商的项目管理水平这 7 个变量。

根据 Wald 统计量，对于模型拟合来讲，最重要的变量是 RC6 承包商的项目管理水平、GQ5 腐败控制度两个变量。根据标准化回归系数来看，对于行政限制与歧视风险影响最大的变量是 GQ5 腐败控制度、SS1 政治稳定性两个变量。

GQ5 腐败控制度的标准化回归系数为负,即该东道国对腐败的控制程度越高,在该国的中国承包商面临贪污腐败风险的可能性也就越低。

SS1 政治稳定性的标准化回归系数为负,SS1 的得分越高代表越差的政治稳定性,因此该东道国的政治稳定性越高,在该国的中国承包商面临贪污腐败风险的可能性也就越高。在中国国际承包商的主要市场——亚洲、中东和非洲,很多集权政治的政治稳定性大于成熟度较低的民主政治,同样前者的腐败程度也大于后者(Nur-Tegin & Czap,2012)。

SS3 种族主义的标准化回归系数为正,SS3 的得分越低代表该国种族主义越严重,因此该东道国种族主义程度越高,在该国的中国承包商面临贪污腐败风险的可能性也就越低。贪污腐败风险相对于其他政治风险而言,是一种较为温和的政治风险,是一种在潜规则下的合作方式。在种族主义严重的国家,外国承包商可能会面临更加激烈的政治风险而非贪污腐败风险。

CC1 建筑产业成熟度的标准化回归系数为负,即东道国建筑产业成熟度越高,国际承包商在该国面临的贪污腐败风险越低。建筑产业成熟度越高的国家,其建筑更加规范和有据可依,其政府雇员在建筑产业进行贪污腐败的空间较小。

EP1 经济增长的标准化回归系数为正,即东道国的经济增长越快,在该国的中国承包商面临贪污腐败风险的可能性也就越高。

RE5 项目大小的标准化回归系数为正,即该承包商在承揽国际工程项目的规模越大,其面临的贪污腐败风险也就越高。规模越大的国际工程项目与东道国政府的接触越多,对于东道国政府而言也更加有利可图,因此,其面临的贪污腐败风险也就越大。

RC6 承包商的项目管理水平的标准化回归系数为负,即该承包商的项目管理水平越高,其面临的贪污腐败风险也就越低。

(5)政府违约

政府违约风险的 Logistic 回归模型拟合结果见表 5-5。

表 5-5 政府违约风险 Logistic 回归模型拟合结果

No.	Variables	B	S.E.	Wald	Sig.	VIF
1	RS2	−0.050	0.015	11.285	0.001	1.070
2	RS3	−3.080	1.285	5.748	0.017	1.185
3	EE1	−0.039	0.013	9.112	0.003	1.268
4	RC1	−0.475	0.238	3.996	0.046	1.016
5	RC6	−0.181	0.071	6.546	0.011	1.008
卡方				124.589		
卡方检验的 p 值				0.000		
伪 R^2				0.452		
Hosmer & Lemeshow 检验				0.277		

由表 5-5、表 5-3、表 5-2 可以看出,模型的拟合效果良好,最终选入模型的变量包括:RS2 政治联系、RS3 经贸联系、EE1 经济自由度、RC1 承包商与东道国政府的关系、RC6 承

包商的项目管理水平这5个变量的方差膨胀因子(VIF)均小于10,即不存在严重的多重共线性。

由拟合结果可以看出,与政府违约风险直接相关的变量为RS2政治联系、RS3经贸联系、EE1经济自由度、RC1承包商与东道国政府的关系、RC6承包商的项目管理水平这5个变量。

根据Wald统计量,对于模型拟合来讲,最重要的变量是RS2政治联系。根据标准化回归系数来看,对于行政限制与歧视风险影响最大的变量是RS3经贸联系。

RS2政治联系的标准化回归系数为负,即与中国政治联系越紧密的国家,越不容易发生针对中国承包商的政府违约风险。

RS3经贸联系的标准化回归系数为负,即与中国经贸联系越紧密的国家,越不容易发生针对中国承包商的政府违约风险。RS2政治联系和RS3经贸联系越紧密,意味着对于该东道国而言,中国是更加重要的合作伙伴,该国政府也更不容易对中国承包商发生违约行为。

EE1经济自由度的标准化回归系数为负,即该东道国的经济自由度越高,在该国的中国承包商面临政府违约风险的可能性也就越低。

RC1承包商与东道国政府的关系的标准化回归系数为负,即承包商与东道国政府的关系越好,其面临的政府违约风险越低。

RC6承包商项目管理水平的标准化回归系数为负,即承包商项目管理水平越高,其面临的政府违约风险越低。

(6)针对项目的抗议

针对项目的抗议风险的Logistic回归模型拟合结果见表5-6。

表5-6 针对项目的抗议风险Logistic回归模型拟合结果

No.	Variables	B	$S.E.$	$Wald$	$Sig.$	VIF
1	RS2	0.042	0.022	3.689	0.055	1.151
2	RS3	1.996	1.054	3.587	0.058	1.081
3	GQ1	0.826	0.253	10.621	0.001	1.273
4	SS3	−0.625	0.311	4.029	0.045	1.107
5	RC1	1.115	0.323	11.915	0.001	1.408
6	RC2	−1.232	0.291	17.940	0.000	1.410
7	RC6	−0.188	0.079	5.631	0.018	1.028
卡方				170.12		
卡方检验的p值				0.000		
伪R^2				0.576		
Hosmer & Lemeshow检验				0.220		

由表 5-6、表 5-3、表 5-2 可以看出,模型的拟合效果良好,最终选入模型的变量包括:RS2 政治联系、RS3 经贸联系、GQ1 民主程度、SS3 种族主义、RC1 承包商与东道国政府的关系、RC2 承包商与东道国社会组织的关系、RC6 承包商的项目管理水平 7 个变量的方差膨胀因子(VIF)均小于 10,即不存在严重的多重共线性。

由拟合结果可以看出,与针对项目的抗议风险直接相关的变量为 RS2 政治联系、RS3 经贸联系、GQ1 民主程度、SS3 种族主义、RC1 承包商与东道国政府的关系、RC2 承包商与东道国社会组织的关系、RC6 承包商的项目管理水平这 7 个变量。

根据 Wald 统计量,对于模型拟合来讲,最重要的变量是 RC2 承包商与东道国社会组织的关系。根据标准化回归系数来看,对于行政限制与歧视风险影响最大的变量是 RS3 经贸联系。

RS2 政治联系的标准化回归系数为正,即中国与东道国政治联系越紧密,承包商越容易面临针对项目的抗议风险。

RS3 经贸联系的标准化回归系数为正,即中国与东道国经贸联系越紧密,承包商越容易面临针对项目的抗议风险。针对项目的抗议主要来自于东道国民间或社会组织。在与中国联系越紧密的东道国,中国跨国公司受到该东道国民间和社会组织的关注也就越大,从而越容易发生针对项目的抗议活动。

GQ1 民主程度的标准化回归系数为正,即东道国民主程度越高,中国承包商在该国越有可能面临针对项目的抗议。民主程度越高的国家,其民众和社会组织的活动受限越小,表达自己的诉求时也更加积极。因此,中国承包商在民主程度较高的国家所面临的针对项目的抗议风险越大。

SS3 种族主义的标准化回归系数为负,即东道国种族主义问题越严重,中国承包商在该国面临的针对项目抗议风险越大。种族主义问题越严重的国家,其民众对外国公司越反感,因此,越容易发生针对项目的抗议活动。

RC1 承包商与东道国政府的关系的标准化回归系数为正,即承包商与东道国政府关系越好,其越容易面临来自民众和社会组织的抗议。承包商与东道国政府关系越好,越容易招致东道国民众和社会组织的反感。此外,对于东道国民众和社会组织而言,选择针对与东道国关系较好的承包商进行抗议,其诉求也更加容易被满足。

RC2 承包商与东道国社会组织的关系的标准化回归系数为负,即承包商与东道国社会组织关系越好,越不容易招致针对项目的抗议活动。

RC6 承包商的项目管理水平的标准化回归系数为负,即承包商项目管理水平越高,其面临的针对项目抗议风险就越低。承包商项目管理水平越高,越不容易与当地民众和社会组织发生冲突,也就不容易招致针对项目的抗议活动。

5.3 基于贝叶斯网络的国际工程政治风险智能预测模型

5.3.1 网络结构建立

根据 5.2 节识别出的与每种政治风险直接相关的变量,可建立如图 5-5 所示的因果网络图。

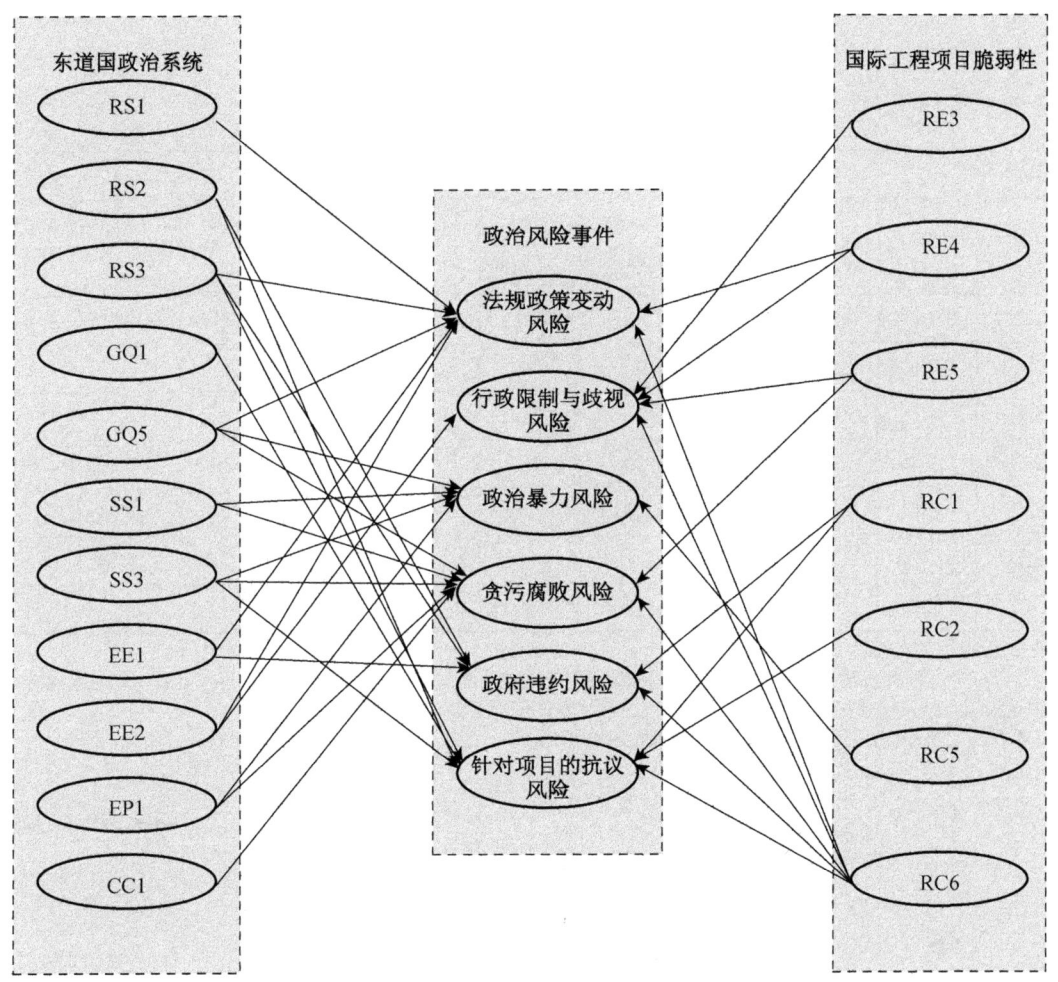

图 5-5 国际工程政治风险初步因果关系图

然而该因果关系图仅考虑了与国际工程政治风险直接相关的变量,没有考虑到变量间的关系和影响,因此对所有变量做 Pearson 相关性分析,得到的结果如表 5-7 所示。

由表 5-7 可以看出,GQ2、GQ3、GQ4、GQ5 之间存在极强的相关关系。而 GQ5 腐败控制制度是 GQ2 行政效能、GQ3 监管质量、GQ4 法治程度的综合体现。贪污腐败代表一种隐藏的、非法的收入分配方式(Absence of Rule of Law),政府行政人员以许可、服务或对税收及法规的豁免,来换取非法的收费(Absence of Regulatory Quality and Government Effectiveness)。

SS1 政治稳定性受 GQ4 法治程度、GQ5 腐败控制制度及 SS2 宗教民族关系的影响。

EE1 经济自由度、EE2 贸易促进指数、EE3 信用评级皆与 GQ2 行政效能、GQ3 监管质量、GQ4 法治程度、GQ5 腐败控制制度存在很强的相关关系。根据 Méon 和 Weill(2005)、Abdellatif(2003)等学者的研究,政府治理水平对经济环境及经济效率具有正向影响。

CC1 建筑产业成熟度受 GQ2 行政效能、GQ3 监管质量、GQ4 法治程度、GQ5 腐败控制制度的影响。

基于此,可建立如图 5-6 所示的贝叶斯网络结构。

表 5-7 自变量相关性矩阵

变量	相关系数									
	GQ2	GQ3	GQ4	GQ5	SS1	SS2	EE1	EE2	EE3	CC1
GQ2	1	0.927	0.940	0.944			0.846	0.861	0.783	0.657
GQ3	0.927	1	0.916	0.888			0.898	0.852	0.779	0.615
GQ4	0.940	0.916	1	0.952	−0.622		0.859	0.867	0.806	0.605
GQ5	0.944	0.888	0.952	1	−0.600		0.833	0.813	0.781	0.616
SS1			−0.622	−0.600	1	−0.618				
SS2					−0.618	1				
EE1	0.846	0.898	0.859	0.833			1	0.790	0.689	
EE2	0.861	0.852	0.867	0.813			0.790	1	0.718	
EE3	0.783	0.779	0.806	0.781			0.689	0.718	1	
CC1	0.657	0.615	0.605	0.616						1

注：1. 所有相关系数的 p 值均小于 0.001；
2. Pearson 相关系数指出了两个变量之间相关的亲密程度和方向，值域为[−1, 1]，其绝对值越大越说明两个变量的关系越亲密；如果其绝对值大于 0.6，则表示两个自变量之间存在较强的相关关系；
3. 表中已略去绝对值小于 0.6 的相关系数。

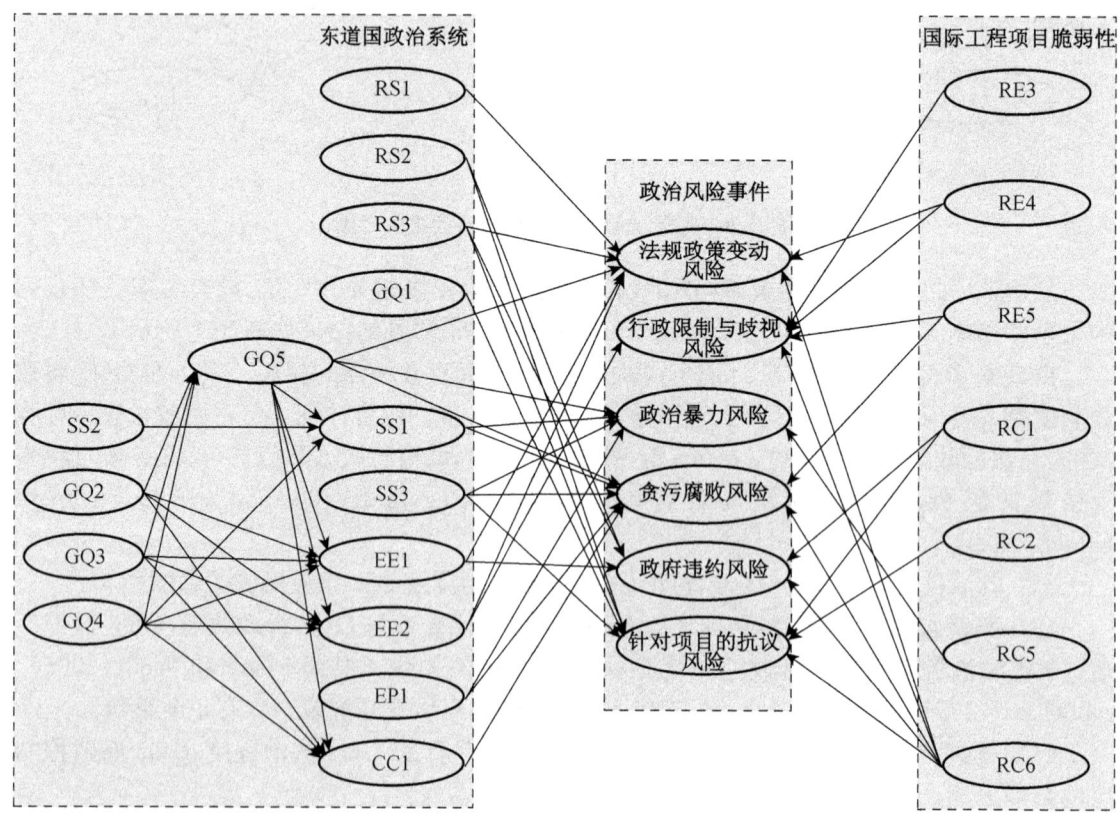

图 5-6 国际工程政治风险预测的贝叶斯网络结构图

5.3.2 网络参数学习

1) 数据预处理

由于很多变量为连续型变量,需对其进行离散化处理。为了贝叶斯网络条件概率的确定,本研究根据每一个变量的分布特征,将所有变量的取值离散化为低、中、高三级,分别用1、2、3表示。离散化结果如表5-8所示。

法规政策变动风险、行政限制与歧视风险、政治暴力风险、贪污腐败风险、政府违约风险、针对项目的抗议风险分别用F1、F2、F3、F4、F5、F6代表。

表5-8 变量离散化结果

变量名		离散化结果		
		1	2	3
RS1	文化距离	(~, 0.4)	[0.4, 0.6)	[0.6, ~)
RS2	政治联系	(~, 80)	[80, 90)	[90, ~)
RS3	经贸联系	(~, 0.1)	[0.1, 0.2)	[0.2, ~)
GQ1	民主程度	(~, -1)	[-1, -0.5)	[-0.5, ~)
GQ2	行政效能	(~, -1)	[-1, -0.5)	[-0.5, ~)
GQ3	监管质量	(~, -1)	[-1, -0.5)	[-0.5, ~)
GQ4	法治程度	(~, -1)	[-1, -0.5)	[-0.5, ~)
GQ5	腐败控制度	(~, -1)	[-1, -0.5)	[-0.5, ~)
SS1	政治稳定性	[2.5, ~)	[2, 2.5)	(~, 2)
SS2	宗教、民族关系	(~, 3)	[3, 5)	[5, ~)
SS3	种族主义	(~, 5.9)	[5.9, 6.3)	[6.3, ~)
EE1	经济自由度	(~, 50)	[50, 60)	[60, ~)
EE2	贸易促进指数	(~, 3.5)	[3.5, 4.1)	[4.1, ~)
EP1	GDP增长	(~, 0)	[0, 5)	[5, ~)
CC1	建筑产业成熟度	(~, 45)	[45, 70)	[70, ~)
RE3	项目的技术、管理复杂度	1、2	3	4、5
RE4	有利的合同条件	0、1、2	3	4、5
RE5	项目大小	(~, 10 000)	[10 000, 50 000)	[50 000, ~)
RC1	承包商与东道国政府的关系	1、2	3	4、5
RC2	承包商与东道国社会组织的关系	1、2	3	4、5
RC5	承包商的国际工程与政治风险经验	1、2	3	4、5
RC6	承包商的项目管理水平	(~, 5)	[5, 7)	[7, ~)

2) 参数学习

目前在贝叶斯网络的应用中,条件概率多由专家直接给出,再通过相应案例不断更新,以这种方式计算最终的概率值。但是,在贝叶斯网络复杂的关联关系之下,专家很难根据经验制定其中的条件概率。一旦节点非常多,在关联关系复杂的情况下,预设条件概率就变得更难实现了。因此,本研究通过网络参数学习的方式确定各节点的条件概率。

贝叶斯网络参数学习算法主要有三种方式:最大似然估计法,贝叶斯估计法,梯度下降算法,以及期望最大算法。其中前两种算法用于没有缺失值的情况下,而后两种算法通常用于存在缺失值的算法中。本研究所涉及的样本不存在数据缺失的情况,因此本研究采用贝叶斯估计法进行参数学习。

贝叶斯估计假定一个固定的未知参数 θ,考虑给定拓扑结构 S 下,参数 θ 的所有可能取值,利用先验知识,寻求给定拓扑结构 S 和训练样本集 D 时具有最大后验概率的参数取值(Fayyad,等,1996;慕春棣和戴剑彬,2000)。给定拓扑结构 S 和训练样本集 D 时,贝叶斯网络的后验概率为 $P(\theta|D,S)$。采用最大后验概率方法对贝叶斯网络参数 $\hat{\theta}$ 进行估计,可以描述为:

$$\hat{\theta} = \arg\max_{\theta} p(\theta \mid D, S)$$

由贝叶斯规则可以得出:

$$P(\theta \mid D, S) = \frac{p(D \mid \theta, S) p(\theta \mid S)}{p(D \mid S)}$$

其中,$p(\theta|S)$ 为拓扑结构 S 下参数 θ 的先验概率,$p(D|S)$ 与具体参数取值无关。通常使用先验分布是狄利克雷分布。考虑多项式的参数为:$\theta_1, \theta_2, \cdots, \theta_k$,$\sum \theta_i = 1$,狄利克雷分布为一组超参数 $\alpha_1, \alpha_2, \cdots, \alpha_k$,当 $P(\theta|D,S)$ 满足狄利克雷分布时,参数 θ 的后验概率为:

$$P(\theta \mid D, S) = Dir(\theta \mid \alpha_1, \alpha_2, \cdots, \alpha_k) = \frac{\Gamma(\alpha)}{\prod_i \Gamma(\alpha_i)} \prod_i \theta^{\alpha_i - 1}$$

对于数据集合 D,统计值为:$N_1, N_2, \cdots, N_k$,则

$$P(\theta \mid D, S) = Dir(\theta \mid \alpha_1 + N_1, \alpha_2 + N_2, \cdots, \alpha_k + N_k)$$

将这一结果推广到贝叶斯网络,定义事件 V,其节点为 v,父节点 $Pa(v) = u$,统计值记为 $N(v, u)$。在贝叶斯估计算法中,参数估计由下式计算:

$$\hat{\theta}_{v|u} = Dir[\alpha_1 + N(v_1, u), \cdots, \alpha_k + N(v_k, u)]$$

本研究的样本集共包含 301 个样本,从中随机挑选 10%(即 30 个)样本用于鲁棒性检验。因此本研究的训练样本集共包含 271 个样本。

使用 Netica 软件进行贝叶斯网络的样本训练,训练结果如图 5-7 所示。

5　国际工程政治风险智能预测模型建立

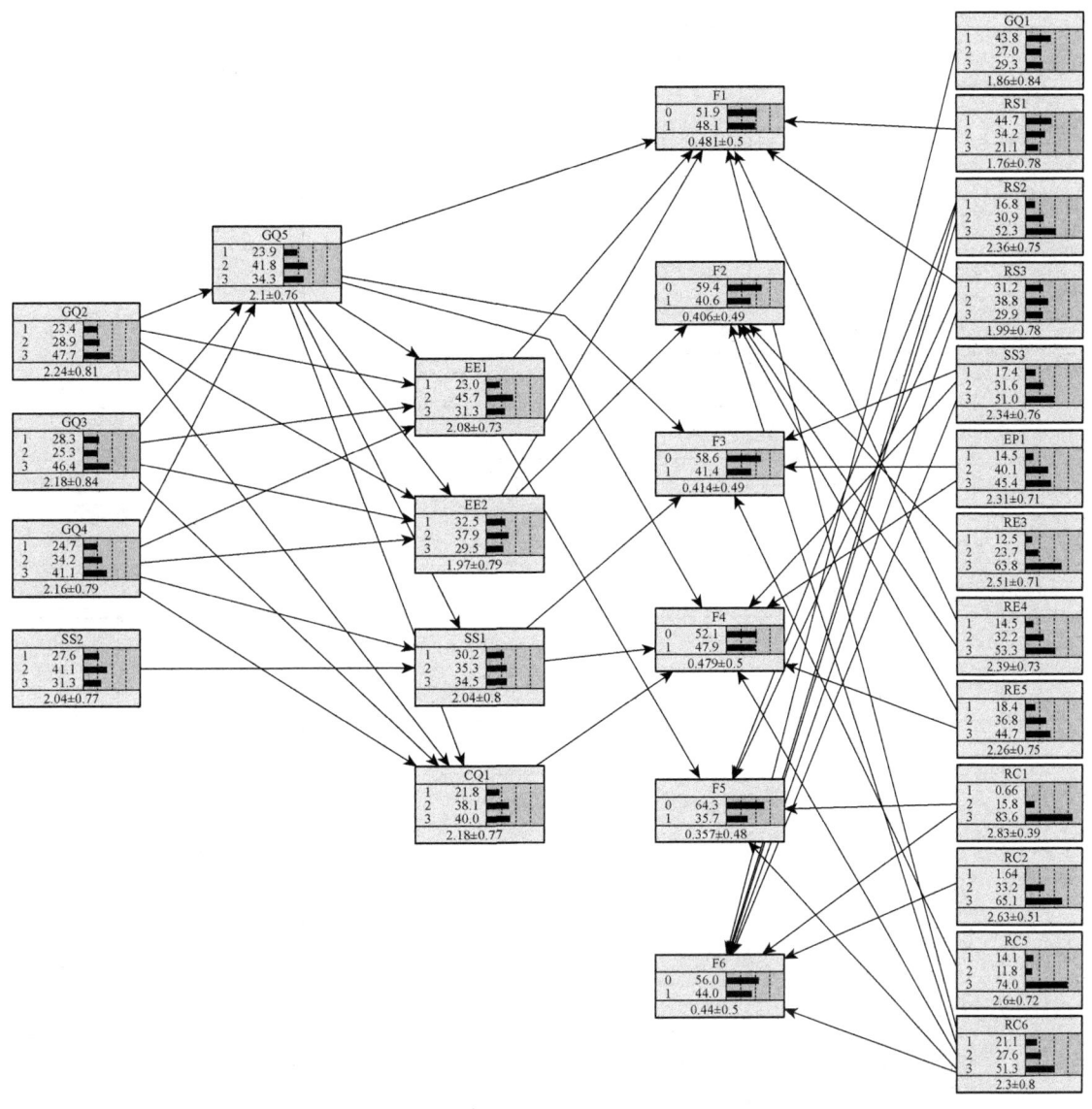

图 5-7　国际工程政治风险预测的贝叶斯网络参数学习结果

3）鲁棒性检验

本研究已随机挑选出 30 个样本作为测试集，用来验证国际工程政治风险预测的贝叶斯网络参数学习的鲁棒性。预测概率大于等于 50%，视为该种类型的政治风险预测结果为发生；预测结果小于 50%，视为该种类型的政治风险不发生。通过对比模型预测结果与案例的实际结果，计算模型预测的准确率。例如，对于测试案例 2，预测结果为 F1、F2 发生，F3、F4、F5、F6 不发生；而实际结果为 F2 发生，F1、F3、F4、F5、F6 不发生，模型对案例 2 中 F1 的预测结果错误，对 F2、F3、F4、F5、F6 的预测结果无误，即，该预测模型对测试案例 2 的政治风险预测准确率为 83.3%。模型对所有测试案例的预测结果见表 5-9。

表 5-9 鲁棒性检验结果

案例编号	预测结果(发生概率/%)						预测发生风险	实际发生风险	准确率/%
	F1	F2	F3	F4	F5	F6			
1	66.7	33.3	66.7	33.3	33.3	33.3	F1;F3	F1;F3	100
2	50.0	50.0	14.3	12.5	18.8	20.0	F1;F2	F2	83.3
3	20.0	50.0	33.3	33.3	75.0	33.3	F2;F5	F5	83.3
4	33.3	20.0	33.3	33.3	40.0	11.1	无	无	100
5	66.7	66.7	13.3	50.0	22.2	50.0	F1;F2;F4;F6	F1;F2;F6	83.3
6	20.0	25.0	50.0	25.0	25.0	25.0	F3	F3	100
7	33.3	55.6	45.5	33.3	33.3	66.7	F2;F6	F3;F6	66.7
8	25.0	28.6	11.1	20.0	20.0	40.0	无	无	100
9	40.0	50.0	40.0	50.0	33.3	33.3	F2;F4	F2	83.3
10	42.9	33.3	57.1	50.0	20.0	25.0	F3;F4	F3;F4	100
11	33.3	36.4	33.3	66.7	15.4	10.0	F4	F4	100
12	20.0	25.0	50.0	50.0	25.0	33.3	F3;F4	无	66.7
13	33.3	75.0	9.09	25.0	11.1	33.3	F2	F2	100
14	66.7	33.3	33.3	33.3	20.0	66.7	F1;F6	F1;F6	100
15	33.3	9.09	50.0	50.0	33.3	33.3	F3;F4	F3	83.3
16	40.0	50.0	50.0	50.0	50.0	33.3	F2;F3;F4;F5	F2;F5	66.7
17	22.2	11.1	70.0	33.3	20.0	25.0	F3	无	83.3
18	66.7	66.7	15.0	40.0	50.0	66.7	F1;F2;F5;F6	F1;F2;F4;F5;F6	83.3
19	66.7	66.7	8.33	40.0	57.1	50.0	F1;F2;F5;F6	F1;F2;F4;F5;F6	83.3
20	33.3	25.0	50.0	50.0	40.0	33.3	F3;F4	F5	50
21	66.7	40.0	75.0	66.7	66.7	33.3	F1;F3;F4;F5	F1;F2;F3;F4;F5	83.3
22	30.0	33.3	50.0	33.3	50.0	25.0	F2;F5	F5	83.3
23	33.3	33.3	16.7	25.0	33.3	66.7	F6	F3;F6	83.3
24	25.0	33.3	33.3	33.3	38.5	66.7	F6	F6	100
25	36.4	50.0	11.1	33.3	18.8	50.0	F2;F6	F2	83.3
26	22.2	36.4	26.3	50.0	16.7	10.0	F4	F2;F4	83.3
27	66.7	25.0	41.7	25.0	40.0	25.0	F1	F1	100

续 表

案例编号	预测结果(发生概率/%)						预测发生风险	实际发生风险	准确率/%
	F1	F2	F3	F4	F5	F6			
28	30.0	33.3	20.0	33.3	16.7	33.3	无	无	100
29	50.0	60.0	15.0	25.0	40.0	11.1	F1;F2	F1;F2;F5	83.3
30	25.0	33.3	80.0	25.0	38.5	33.3	F3	F3	100
总体预测准确率									83.05%

由表 5-9 可知,该国际工程政治风险预测模型对 30 个测试案例的总体预测准确率为 83.3%。表明该预测模型预测结果具有较高的指导意义,鲁棒性较好。

5.3.3 算例分析

2016 年 8 月 8 日,中国中铁在在孟加拉达卡市签署孟加拉帕德玛大桥铁路连接线项目 (Padma Bridge Rail Link Project)。项目甲方为孟加拉铁路局,项目主要内容为新建全长为 168.6 km 的单线铁路。项目主要范围包括全线的桥梁及其附属工程、全线的路基及其附属工程、全线的铺轨工程、全线的通信信号工程、全线的站房及附属工程、车辆购置、完成全线施工图设计、培训计划及完工后修补缺陷等工作。项目合同金额 31.387 5 亿美元,项目工期 54 个月,项目预计 2016 年内开始。

孟加拉国位于南亚地区,与中国的文化距离为 0.2,目前与中国的合作关系为全面合作伙伴关系,2015 年全年,孟加拉国的贸易总额为 819 亿美元,其中中孟双边贸易 90 亿美元,中国是孟加拉国最大的贸易伙伴。世界银行 Worldwide Governance Indicators 数据库中,孟加拉国最新的 GQ1 民主程度评分为 -0.47、GQ2 行政效能评分为 -0.77、GQ3 监管质量评分为 -0.94、GQ4 法治程度评分为 -0.72、GQ5 腐败控制度评分为 -0.91。Global Peace Index 对孟加拉国 2016 年 SS1 政治稳定性最新评分为 2.045。ICRG 对孟加拉国最新的 SS2 民族宗教关系最新评分为 2.5。World Economic Forum 对孟加拉国的 SS3 种族主义最新评分为 6.12。Heritage Foundation 对孟加拉国 2016 年经济自由度(EE1)评分为 53.32。World Economic Forum 对孟加拉国的贸易促进指数(EE2)评分为 3.4。世界银行对孟加拉国建筑产业成熟度(CC1)的评分为 65.27。孟加拉国 2015 年 GDP 增长为 6.55。该项目技术管理复杂度较高,可得 5 分。该项目合同条款情况可得 3 分。承包商与当地政府关系较好可得 4 分,与东道国社会组织关系较好可得 4 分。承包商具有丰富的施工经验,项目管理水平较高可得 7 分。承包商虽然有大量国际工程项目经验,但在该国项目数量较少,因此承包商的国际工程与政治风险经验可得 4 分。

将这些条件输入上文建立的国际工程政治风险智能预测模型,可自动得到预测结果,如图 5-8 所示。可以看出,该项目可能遭受的政治风险主要为 F1 法规政策变动风险(发生概率 50.0%)、F2 行政限制与歧视风险(发生概率 50.0%)、F4 贪污腐败风险(发生概率 66.7%),其中贪污腐败风险的发生概率最高。不太可能遭受 F3 政治暴力风险(发生概率 25%)、F5 政府违约风险(发生概率 12.5%)、F6 针对项目的抗议风险(发生概率 28.6%)。

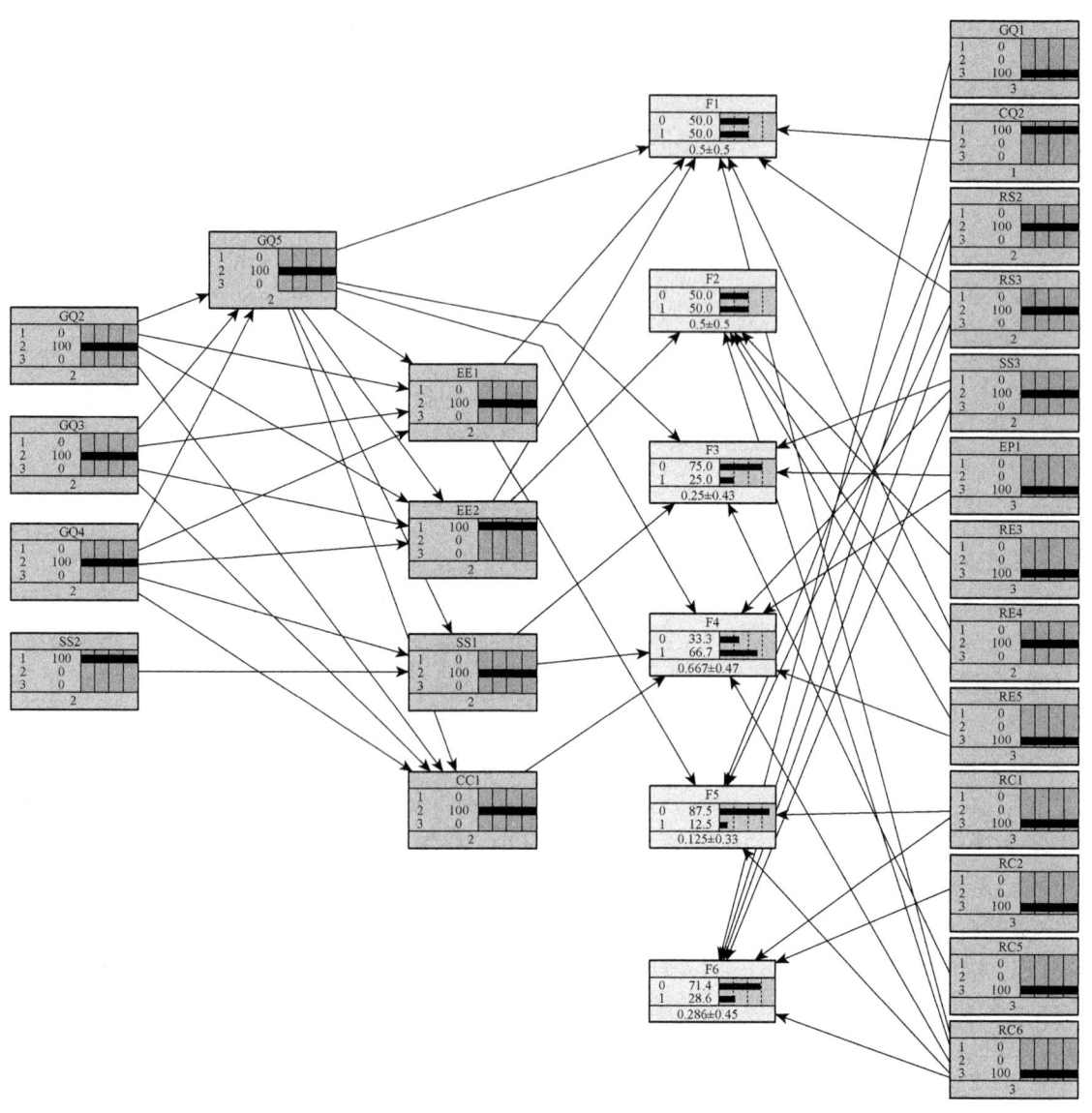

图 5-8 算例预测结果

5.4 本章小结

本章将 Logistic 回归模型与贝叶斯网络相结合,建立了国际工程政治风险智能预测模型,通过 301 个样本对模型进行拟合,得到最终的预测模型。该预测模型通过 Logistic 回归模型的分析识别出与六类政治风险直接相关的变量,通过 Pearson 相关性分析识别出间接相关的变量,从而大幅减少贝叶斯网络的节点数量,简化贝叶斯网络计算复杂度。通过贝叶斯网络对六类国际工程政治风险进行预测,可以充分考虑变量对政治风险发生概率的影响以及变量之间的共变关系,从而实现动态预测,提高预测精度。本章的主要结论如下:

(1) 中国国际承包商在海外市场主要面临的政治风险按照发生频数排序主要包括:

①法规政策变动风险；②行政限制与歧视风险；③政治暴力风险；④贪污腐败风险；⑤政府违约风险；⑥针对项目的抗议风险。

(2) 与法规政策变动风险直接相关的变量为 RS1 文化距离、RS3 经贸联系、GQ5 腐败控制度、EE1 经济自由度、EE2 贸易促进指数、RE4 有利合同条件、RC6 承包商项目管理水平这 7 个变量；与法规政策变动风险直接相关的变量为 EE2 贸易促进指数、RE3 项目的技术管理复杂度、RE4 有利的合同条件、RE5 项目大小、RC6 承包商的项目管理水平这 5 个变量；与政治暴力风险直接相关的变量为 GQ5 腐败控制度、SS1 政治稳定性、SS3 种族主义、EP1 GDP 增长、RC5 承包商的国际工程与政治风险经验这 5 个变量；与贪污腐败风险直接相关的变量为 GQ5 腐败控制度、SS1 政治稳定性、SS3 种族主义、EP1 GDP 增长、CC1 建筑业产业成熟度、RE5 项目大小、RC6 承包商的项目管理水平这 7 个变量；与政府违约风险直接相关的变量为 RS2 政治联系、RS3 经贸联系、EE1 经济自由度、RC1 承包商与东道国政府的关系、RC6 承包商的项目管理水平这 5 个变量；与针对项目的抗议风险直接相关的变量为 RS2 政治联系、RS3 经贸联系、GQ1 民主程度、SS3 种族主义、RC1 承包商与东道国政府的关系、RC2 承包商与东道国社会组织的关系、RC6 承包商的项目管理水平这 7 个变量。

(3) 建立的国际工程政治风险智能预测模型预测准确率达到 83.3%，具有较高的鲁棒性。

6 国际工程政治风险的对策选择研究

本章从政治风险事件发生前的预防对策和政治风险发生后的处置对策两个方面对国际工程政治风险的对策选择进行研究。预防对策的研究基于本书第5章所建立的国际工程政治风险的智能预测模型,探索在风险事件发生前如何降低风险事件的发生概率。处置对策的研究结合第4章建立的政治风险后果形成路径,分析在风险事件发生后如何减少风险事件对国际工程项目的影响。

6.1 基于敏感性分析的国际工程政治风险预防对策选择研究

6.1.1 敏感性分析

对贝叶斯网络中的基本事件进行敏感性分析是安全风险概率分析的基本方法之一。根据敏感性分析的结果,可以确定出对后果事件发生概率贡献较大的基本事件,以便采取有效的措施来减小这些基本事件的发生概率,从而减小后果事件发生的概率(陆莹,等,2010)。

本节首先分析各个因素对不同类型政治风险发生概率的敏感性。将敏感性定义为:

$$\alpha_{ij} = \frac{\max\limits_{k=1,2,3}[P(F_j \mid v_i = k)] - \min\limits_{k=1,2,3}[P(F_j \mid v_i = k)]}{v_i \mid \max\limits_{k=1,2,3}[P(F_j \mid v_i = k)] - v_i \mid \min\limits_{k=1,2,3}[P(F_j \mid v_i = k)]} \quad (6-1)$$

式中,α_{ij} 代表第 i 个变量对第 j 种政治风险的敏感性因子;$\max\limits_{k=1,2,3}[P(F_j \mid v_i = k)]$ 代表当变量 v_i 取值 1,2,3 时得到的 F_j 的最大发生概率;$\min\limits_{k=1,2,3}[P(F_j \mid v_i = k)]$ 代表当变量 v_i 取值 1,2,3 时得到的 F_j 的最小发生概率;$v_i \mid \max\limits_{k=1,2,3}[P(F_j \mid v_i = k)]$ 代表当 $P(F_j \mid v_i = k)$ 取到最大值时 v_i 的取值;$v_i \mid \min\limits_{k=1,2,3}[P(F_j \mid v_i = k)]$ 代表当 $P(F_j \mid v_i = k)$ 取到最小值时 v_i 的取值。

1) RS1 文化距离

根据图 5-6 国际工程政治风险预测的贝叶斯网络结构,文化距离仅对 F1 法规政策变更风险具有影响。为了探究 RS1 文化距离对 F1 法规政策变更风险影响的敏感性,利用本书 5.3 节所建立的国际工程政治风险智能预测模型,在其他变量取值按照案例样本数据平均分布时,RS1 分别为小、中、大时,即按照表 5-8 中的变量离散化结果,RS1 文化距离取值 1、2、3 时,分别观测 F1 法规政策变更风险的发生概率。当 RS1 取值为 1 时,预测模型结果如图 6-1(a)所示,F1 发生的概率为 47.1%;当 RS1 取值为 2 时,预测模型结果如图 6-1(b)所示,F1 发生的概率为 48.7%;当 RS1 取值为 3 时,预测模型结果如图

6-1(c)所示,F1 发生的概率为 49.1%。将以上结果 RS1 取值为横坐标,F1 的发生概率为纵坐标,可绘制为如图 6-2 所示的 RS1 文化距离对 F1 法规政策变更风险的敏感性分析图。

由图 6-2 可以看出,RS1 中国和东道国之间的文化距离越大,F1 法规政策变更风险越大,根据式(6-1),RS1 对 F1 的敏感性因子 $\alpha_{RS1\ F1} = \dfrac{49.1\% - 47.1\%}{3-1} = 0.0100$。

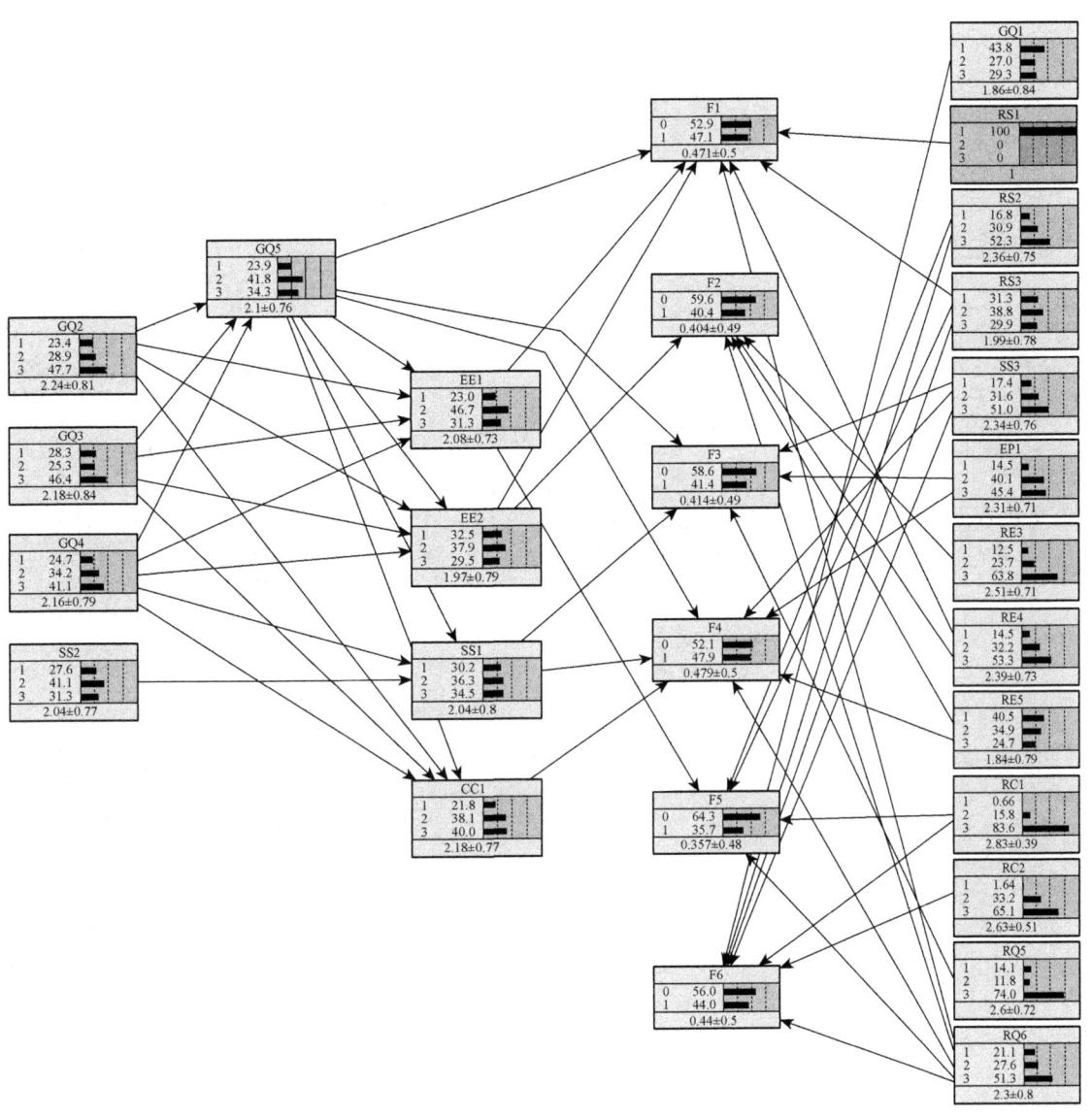

(a) RS1 为 1 时的模型预测结果

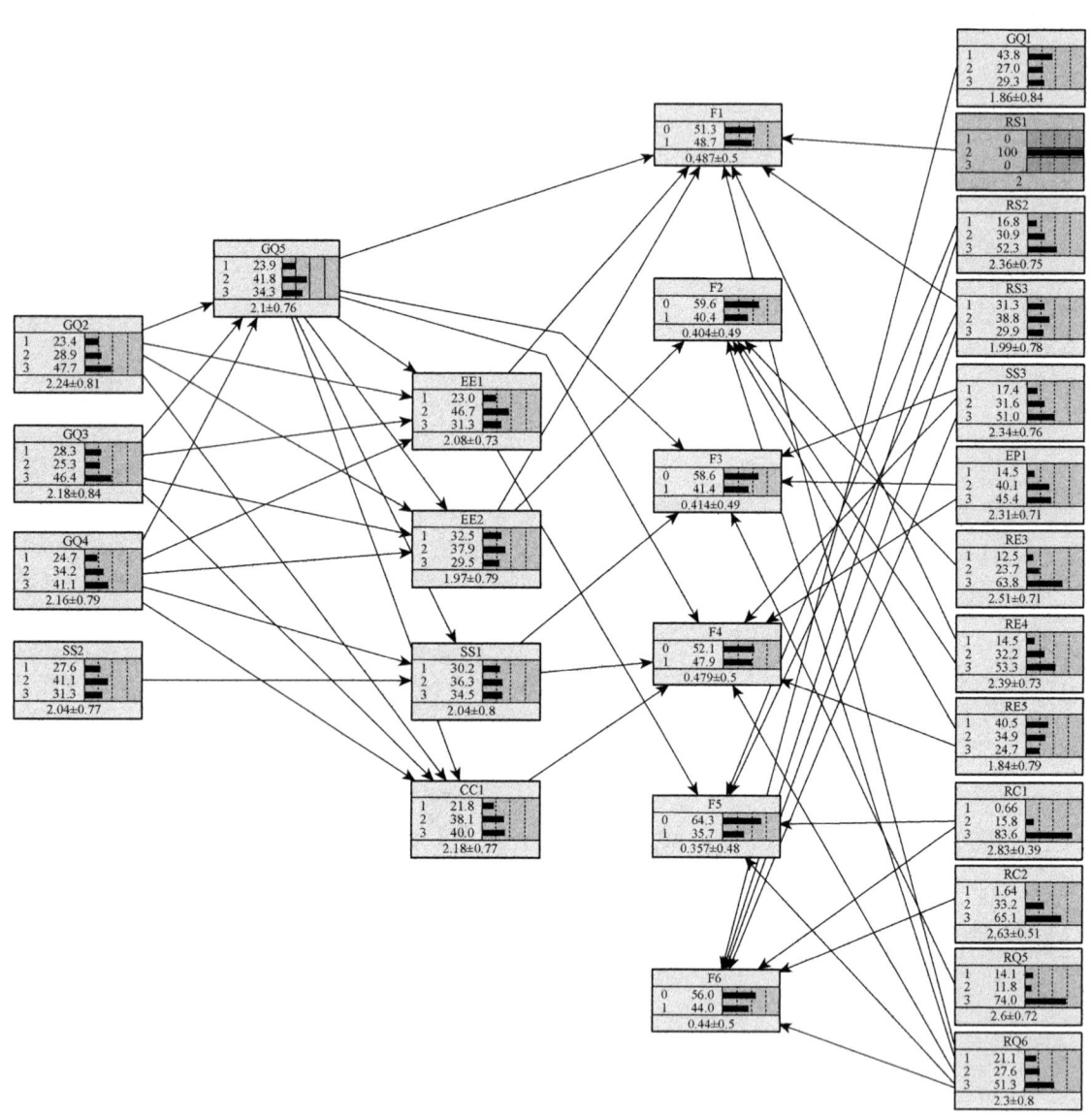

(b) RS1 为 2 时的模型预测结果

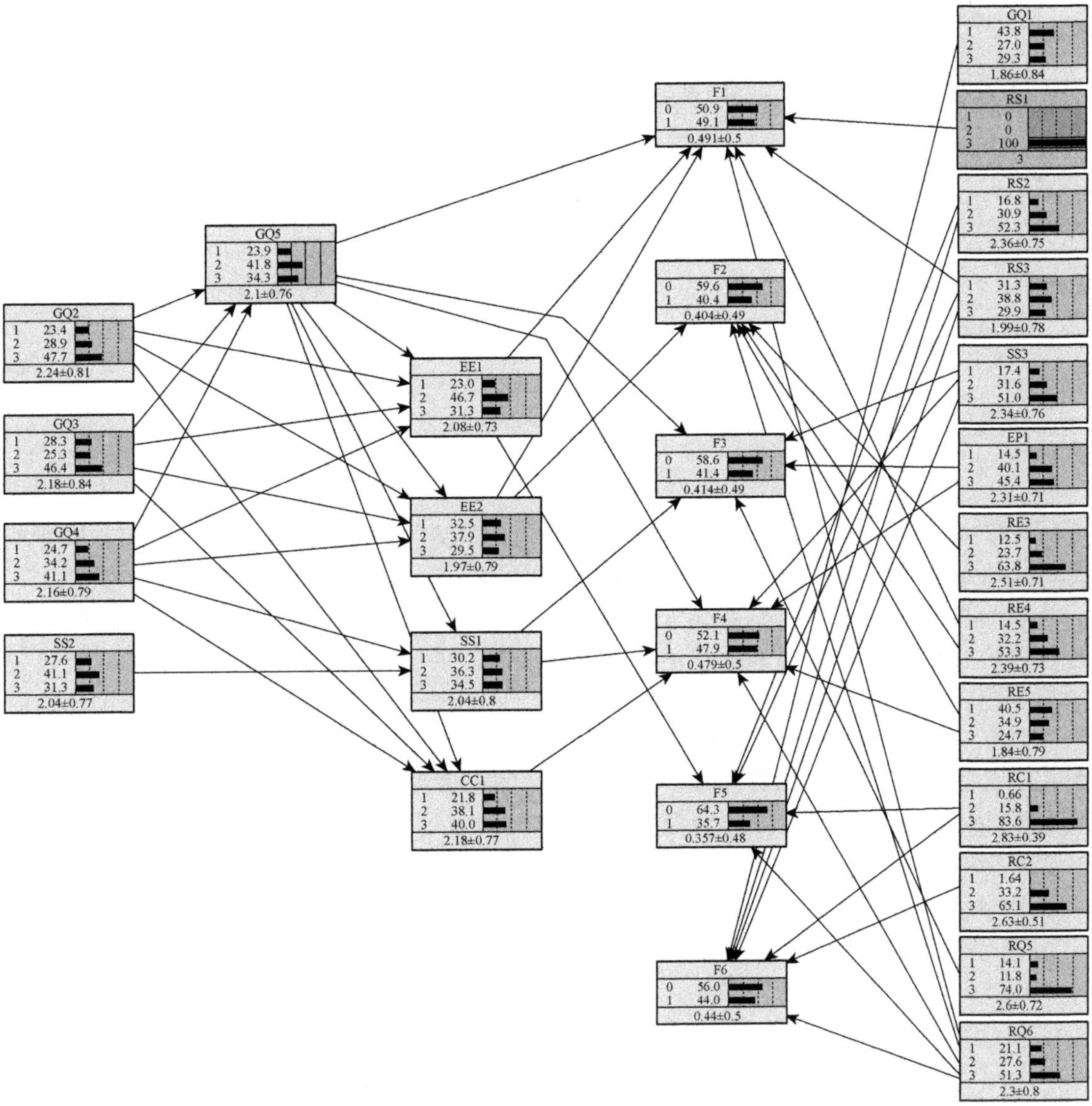

(c) RS1 为 3 时的模型预测结果

图 6-1 RS1 分别取 1、2、3 时的政治风险预测结果

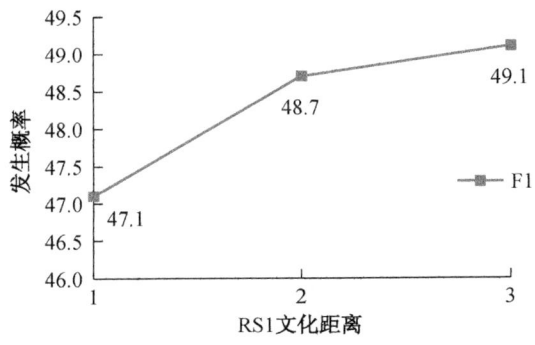

图 6-2 RS1 对政治风险发生概率的影响

2）RS2 政治联系

政治联系对 F5 政府违约风险和 F6 针对项目的抗议风险存在影响，参照上文研究 RS1 的敏感性的方法，可得到 RS2 对 F5 和 F6 的敏感性如图 6-3 所示。

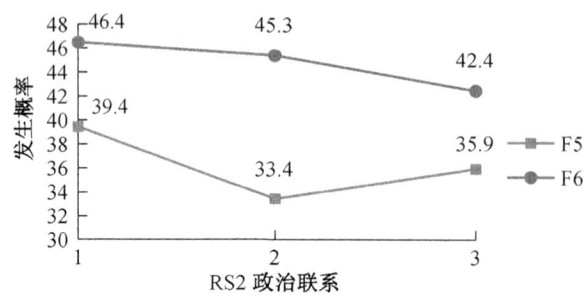

图 6-3　RS2 对政治风险发生概率的敏感性

RS2 越大，代表东道国与中国的政治联系越紧密，越紧密的政治联系会降低 F6 针对项目的抗议风险发生概率，其敏感性因子 $\alpha_{RS2\_F6}=0.0200$。

政治联系对 F5 的影响呈现出非线性的关系，较低的政治联系程度会显著增加 F5 政府违约风险的发生概率，而较高的政治联系相对于居中的政治联系也会轻微增加 F5 政府违约风险的发生概率。也就是说与东道国适中的政治联系更能有效降低 F5 政府违约风险的发生概率。相对于居中的政治联系，较高的政治联系会轻微增加 F5 政府违约风险的发生概率的可能原因是，与中国具有较紧密政治联系的东道国政府针对中资企业的行为更加有恃无恐，并且其在政策上和合同谈判上可能会给予中资承包商更多优惠，而这些优惠在项目实施过程中或许不是那么容易实现。其敏感性因子 $\alpha_{RS2\_F5}=0.0600$。

3）RS3 经贸联系

经贸联系对 F1 法规政策变更风险、F5 政府违约风险和 F6 针对项目的抗议风险存在影响，其影响的敏感性如图 6-4 所示。

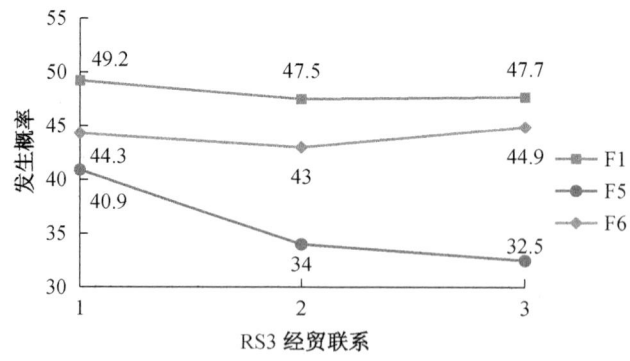

图 6-4　RS3 对政治风险发生概率的敏感性

RS3 越大，代表东道国与中国的经贸联系越紧密，经贸联系对 F1 法规政策变更风险和 F6 针对项目的抗议风险的影响并不十分明显。随着两国间经贸联系更加紧密，F1 法规政策变更风险的发生概率呈现出轻微的下降趋势，其敏感性因子 $\alpha_{RS3\_F1}=0.0170$；随着两国间经贸联系更加紧密,F6 针对项目的抗议风险的发生概率呈现出轻微的上升趋势,其敏感性因子 $\alpha_{RS3\,F6}=0.013\,0$。

随着两国间经贸联系更加紧密,F5 政府违约风险的发生概率降低较为明显,其敏感性因子 $\alpha_{RS3\,F5}=0.042\,0$。

4）GQ1 民主程度

东道国民主程度仅对 F6 针对项目的抗议风险存在影响,其影响的敏感性如图 6-5 所示。

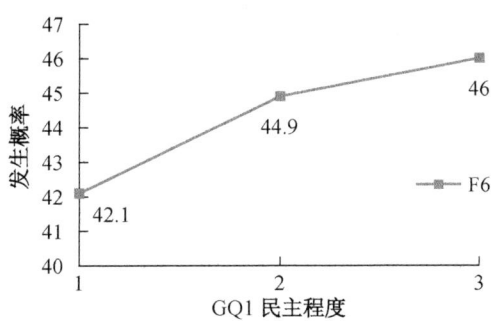

图 6-5　GQ1 对政治风险发生概率的敏感性

GQ1 越大代表东道国民主程度越高,从上图可以看出,随着东道国民主程度的提高,F6 针对项目的抗议风险的发生概率呈现出明显的上升趋势,其敏感性因子 $\alpha_{GQ1\,F6}=0.019\,5$。其原因是随着东道国民主程度的提高,其国民和社会组织表达自己诉求的难度降低,当项目危害到其利益时,也更容易发生针对项目的抗议活动。

5）GQ5 腐败控制度

东道国腐败控制度对 F1 法规政策变更风险、F2 行政限制与歧视风险、F3 政治暴力风险、F4 贪污腐败风险、F5 政府违约风险存在影响,其影响的敏感性如图 6-6 所示。

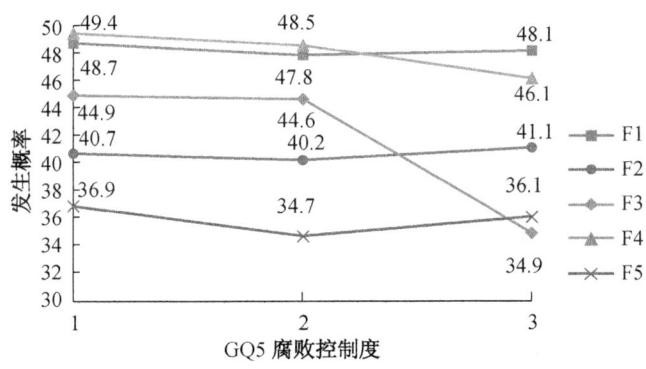

图 6-6　GQ5 对政治风险发生概率的敏感性

GQ5 越大,代表东道国的腐败控制程度越高。由上图可以看出,随着东道国腐败控制程度的提高,其对 F1 法规政策变更风险和 F2 行政限制与歧视风险的影响并不明显,二者的敏感性因子均为,$\alpha_{GQ5\,F1}=0.009\,0$,$\alpha_{GQ5\,F2}=0.009\,0$。

随着东道国腐败控制程度的提高,F3 政治暴力风险和 F4 贪污腐败风险的发生概率呈现出较为明显的下降。二者的敏感性因子分别为,$\alpha_{GQ5\,F3}=0.050\,0$,$\alpha_{GQ5\,F4}=0.016\,5$。

随着东道国腐败控制程度的提高,F5 政府违约风险呈现出先下降再轻微上升的趋势,但总体趋势还是下降的。腐败控制度适中的国家,政府违约风险最低。究其原因,可能是腐败控制度较低的国家,其政府本身更容易发生违约;而中国承包商由于其固有习惯,并不能很好地适应腐败控制度较高的政府。腐败控制度对 F5 政府违约风险的敏感性因子为,$\alpha_{GQ5\_F5}=0.0220$。

6) SS1 政治稳定性

东道国政治稳定性对 F1 法规政策变更风险、F2 行政限制与歧视风险、F3 政治暴力风险、F4 贪污腐败风险、F5 政府违约风险风险存在影响,其影响的敏感性如图 6-7 所示。

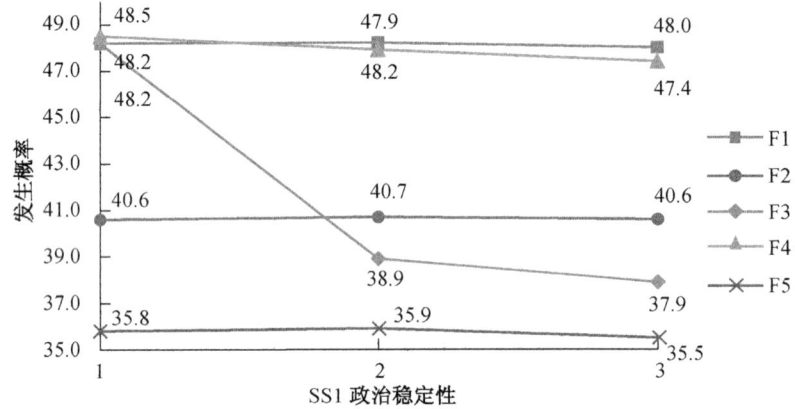

图 6-7 SS1 对政治风险发生概率的敏感性

SS1 越大,代表东道国政治稳定性越高,由上图可以看出,随着东道国政治稳定性的提高,其对 F1 法规政策变更风险、F2 行政限制与歧视风险、F4 贪污腐败风险和 F5 政府违约风险的影响并不十分明显。其敏感性因子分别为,$\alpha_{SS1\_F1}=0.0060$,$\alpha_{SS1\_F2}=0.0010$,$\alpha_{SS1\_F4}=0.0055$,$\alpha_{SS1\_F5}=0.0040$。

随着东道国政治稳定性的提高,F3 政治暴力风险的发生概率下降趋势十分明显,其敏感性因子 $\alpha_{SS1\_F3}=0.0515$。

7) SS3 种族主义

东道国种族主义程度对 F3 政治暴力风险、F4 贪污腐败风险、F6 针对项目的抗议风险存在影响,其影响的敏感性如图 6-8 所示。

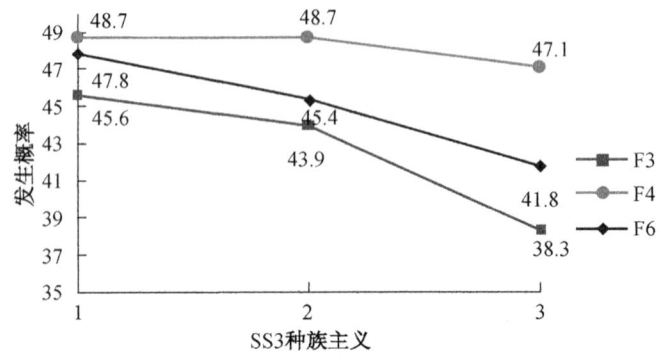

图 6-8 SS3 对政治风险发生概率的敏感性

SS3 越大，代表东道国民众对外国人或非主要种族人群的欢迎程度越高，宗族主义程度越低。由上图可以看出，当种族主义程度降低时，F3 政治暴力风险、F4 贪污腐败风险、F6 针对项目的抗议风险的发生概率都呈现出下降的趋势，其中 F3 和 F6 的发生概率下降较为明显。三者的敏感性因子分别为，$\alpha_{SS3\ F3} = 0.0365$，$\alpha_{SS3\ F4} = 0.0160$，$\alpha_{SS3\ F6} = 0.0300$。

8) EE1 经济自由度

东道国经济自由度对 F1 法规政策变更风险、F2 行政限制与歧视风险、F3 政治暴力风险、F4 贪污腐败风险、F5 政府违约风险存在影响，其影响的敏感性如图 6-9 所示。

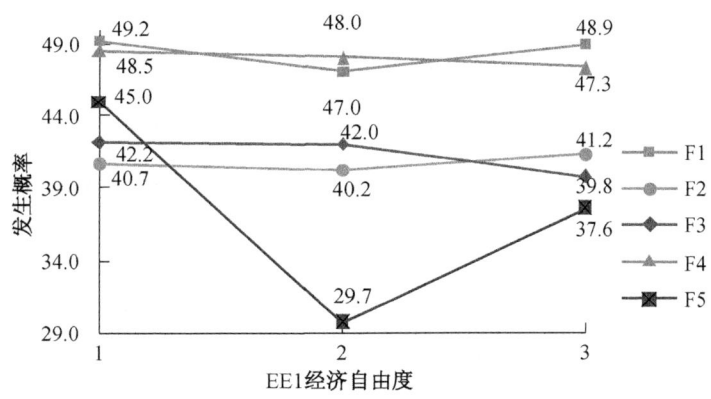

图 6-9 EE1 对政治风险发生概率的敏感性

EE1 越高代表东道国经济自由度越高。当东道国经济自由度增高时，F1 法规政策变更风险、F2 行政限制与歧视风险、F5 政府违约风险的发生概率都表现出先降低后升高的趋势。即在东道国经济自由度比较适中的情况下，F1、F2 和 F5 的发生概率最低。经济自由度较低的国家其政府对经济活动干预过多，容易发生 F1 法规政策变更风险、F2 行政限制与歧视风险、F5 政府违约风险。经济自由度较高的国家，其市场多已经被来自传统发达国家的承包商所占有，其政府对来自新兴经济体的承包商多有限制与歧视，激烈的竞争加上针对中国承包商的限制与歧视可能会诱发 F1 法规政策变更风险、F2 行政限制与歧视风险、F5 政府违约风险。EE1 对 F1、F2 和 F5 的敏感性因子分别为，$\alpha_{EE1\ F1} = 0.0190$，$\alpha_{EE1\ F2} = 0.0100$，$\alpha_{EE1\ F5} = 0.1530$。

随着东道国经济自由度的提高，F3 政治暴力风险、F4 贪污腐败风险的发生概率呈现下降趋势，其敏感性因子分别为，$\alpha_{EE1\ F3} = 0.0120$，$\alpha_{EE1\ F4} = 0.0060$。

9) EE2 贸易促进指数

东道国贸易促进指数对 F1 法规政策变更风险、F2 行政限制与歧视风险、F3 政治暴力风险、F4 贪污腐败风险、F5 政府违约风险存在影响，其影响的敏感性如图 6-10 所示。

EE2 越大，代表东道国贸易促进指数越高，其各项基础设施和入境政策更加适宜外国投资。当东道国贸易促进指数增高时，F1 法规政策变更风险、F2 行政限制与歧视风险、F5 政府违约风险的发生概率都表现出先降低后升高的趋势。其原因与 EE1 对这三种风险的影响原因大致相同。但是相比 EE1，EE2 对 F2 行政限制与歧视风险的敏感性更大。EE2 对 F1、F2 和 F5 的敏感性因子分别为，$\alpha_{EE2\ F1} = 0.0100$，$\alpha_{EE2\ F2} = 0.1240$，$\alpha_{EE1\ F5} = 0.0050$。

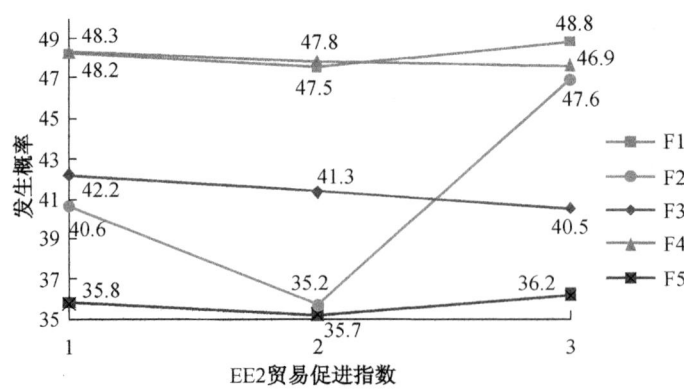

图 6-10　EE2 对政治风险发生概率的敏感性

随着东道国贸易促进指数的提高,F3 政治暴力风险、F4 贪污腐败风险的发生概率呈现下降趋势,其敏感性因子分别为,$\alpha_{EE2\,F3} = 0.0085$,$\alpha_{EE2\,F4} = 0.0035$。

10) CC1 建筑产业成熟度

东道国建筑产业成熟度对 F1 法规政策变更风险、F2 行政限制与歧视风险、F3 政治暴力风险、F4 贪污腐败风险、F5 政府违约风险存在影响,其影响的敏感性如图 6-11 所示。

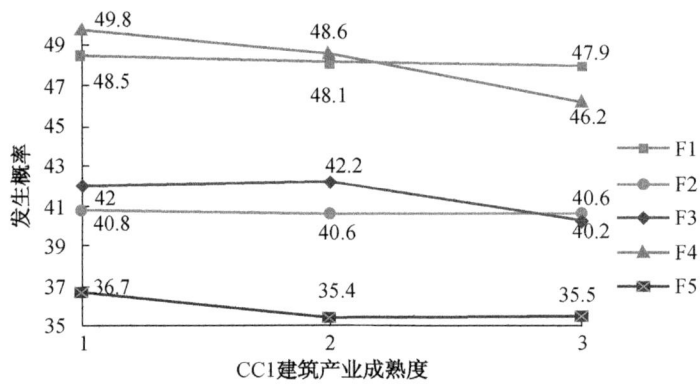

图 6-11　CC1 对政治风险发生概率的敏感性

CC1 越大,代表东道国建筑产业成熟度越高。随着东道国建筑产业成熟度的提高,F1 法规政策变更风险、F2 行政限制与歧视风险、F3 政治暴力风险、F4 贪污腐败风险、F5 政府违约风险的发生概率基本上都表现出逐渐降低的趋势。其中 F4 贪污腐败风险发生概率的降低比较明显。东道国建筑产业成熟度的提高意味着各项法规和管理体制更加健全,发展更加成熟,贪污腐败和权利寻租的空间也就逐步降低。CC1 对 F1、F2、F3、F4、F5 的敏感性因子分别为,$\alpha_{CC1\,F1} = 0.0030$,$\alpha_{CC1\,F2} = 0.0020$,$\alpha_{CC1\,F3} = 0.0200$,$\alpha_{CC1\,F4} = 0.0180$,$\alpha_{CC1\,F5} = 0.0130$。

11) EP1 经济增长

东道国经济增长对 F3 政治暴力风险、F4 贪污腐败风险存在影响,其影响的敏感性如图 6-12 所示。

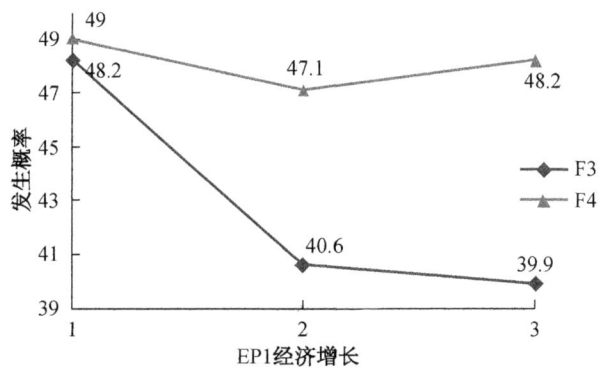

图 6-12　EP1 对政治风险发生概率的敏感性

EP1 越大代表东道国经济增长速度越快。随着东道国经济增速的提高，F3 政治暴力风险的发生概率呈现出明显的下降趋势。其敏感性因子为，$\alpha_{EP1\,F3}=0.0415$。

随着东道国经济增速的提高，F4 贪污腐败风险的发生概率呈现出先降低后升高的趋势。EP1＝1 意味着东道国经济增长为负，当一个东道国经济增速为负时，其经济面临衰退，政府雇员收入降低，其贪腐的驱动力增加。当东道国经济增长速度较快时，其政府雇员权利寻租的空间会增大，同样增加贪污腐败风险。EP1 对 F4 的敏感性因子为，$\alpha_{EP1\,F4}=0.0190$。

12）RE3 项目的技术、管理复杂度

项目的技术、管理复杂度仅对 F2 行政限制与歧视风险具有影响，其影响的敏感性如图 6-13 所示。

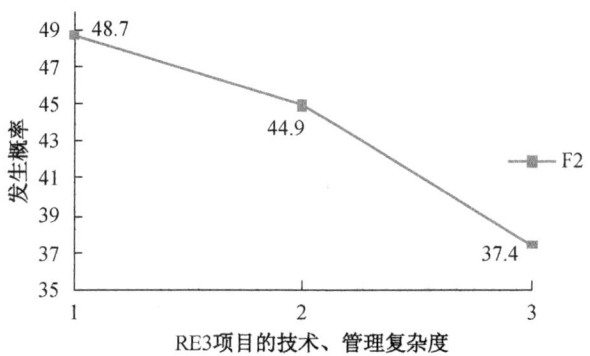

图 6-13　RE3 对政治风险发生概率的敏感性

RE3 越大，代表项目的技术、管理复杂度越高。当国际工程项目的技术、管理复杂度提高时，F2 行政限制与歧视风险的发生概率呈现出明显的下降趋势。越复杂的项目，能够胜任的承包商越少，东道国政府对于能够胜任复杂项目的高水平承包商需求越高，因此发生行政限制与歧视的风险也就越低。其敏感性因子为：$\alpha_{RE3\,F2}=0.0565$。

13）RE4 有利的合同条件

有利的合同条件对 F1 法规政策变更风险、F2 行政限制与歧视风险存在影响，其影响的敏感性如图 6-14 所示。

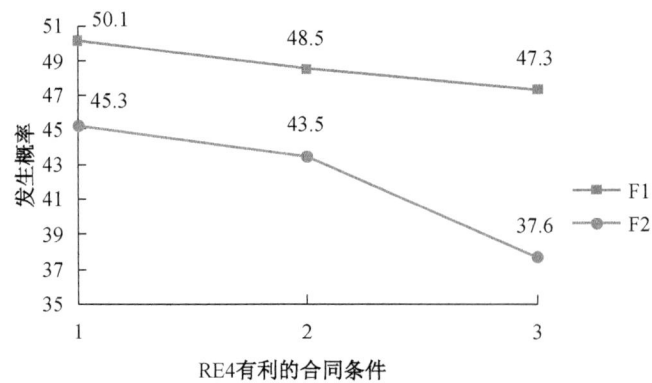

图 6-14　RE4 对政治风险发生概率的敏感性

RE4 越大,代表承包商在承揽项目时获得的有利合同条件越充分。随着承包商获得的有利合同条件增加,F1 法规政策变更风险、F2 行政限制与歧视风险都表现出较为明显的下降趋势。其敏感性因子分别为,$\alpha_{RE4\_F1}=0.014\,0$,$\alpha_{RE4\_F2}=0.038\,5$。

14) RE5 项目大小

项目大小对 F2 行政限制与歧视风险和 F4 贪污腐败风险存在影响,其影响的敏感性如图 6-15 所示。

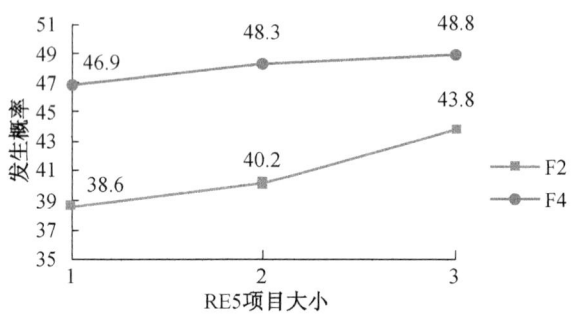

图 6-15　RE5 对政治风险发生概率的敏感性

RE5 越大,代表项目的规模越大。可以看出,随着项目规模的增大,F2 行政限制与歧视风险和 F4 贪污腐败风险的发生概率均呈现出增长的趋势。项目规模越大,其面临的各项审批和检查也更加繁琐和严格,因此其受到行政限制与歧视或者贪污腐败的可能性也就越大。RE5 对 F2 和 F4 的敏感性因子分别为,$\alpha_{RE5\_F2}=0.026\,0$,$\alpha_{RE5\_F4}=0.009\,5$。

15) RC1 承包商与东道国政府的关系

承包商与东道国政府的关系对 F5 政府违约风险和 F6 针对项目的抗议风险存在影响,其影响的敏感性如图 6-16 所示。

RC1 越大,代表承包商与东道国政府关系越好。从图 6-16 可以看出,承包商与东道国政府关系越好,F5 政府违约风险和 F6 针对项目的抗议风险的发生概率越低。其敏感性因子为 $\alpha_{RC1\_F5}=0.081\,0$,$\alpha_{RC1\_F6}=0.035\,0$。

16) RC2 承包商与东道国社会组织的关系

承包商与东道国政府的关系仅对 F6 针对项目的抗议风险存在影响,其影响的敏感性如图 6-17 所示。

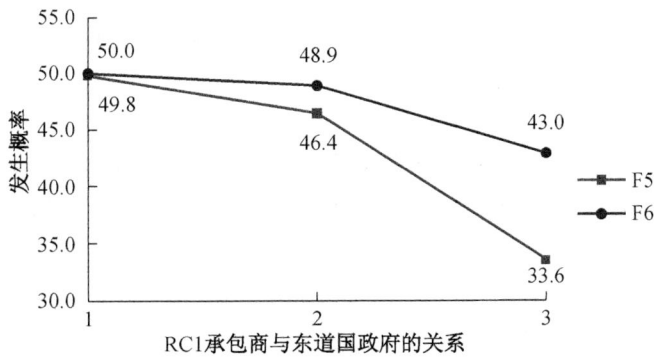

图 6-16　RC1 对政治风险发生概率的敏感性

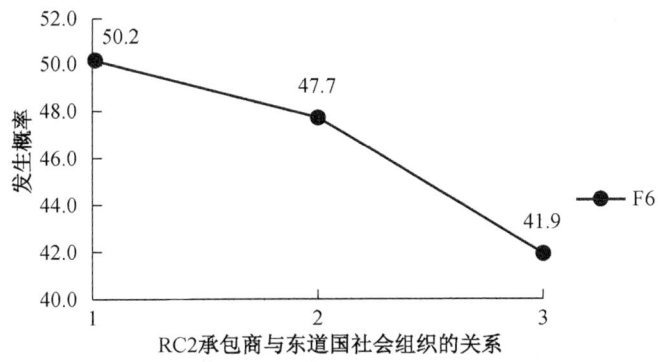

图 6-17　RC2 对政治风险发生概率的敏感性

RC2 越大，代表承包商和当地社会组织关系越好。由上图可以看出，承包商和当地社会组织关系越好，F6 针对项目的抗议风险的发生概率就越低。其敏感性因子为 $\alpha_{RC2,F6} = 0.0415$。

17) RC5 承包商的国际工程与政治风险经验

承包商的国际工程与政治风险经验主要对 F3 政治暴力风险产生影响，其影响的敏感性如图 6-18 所示。

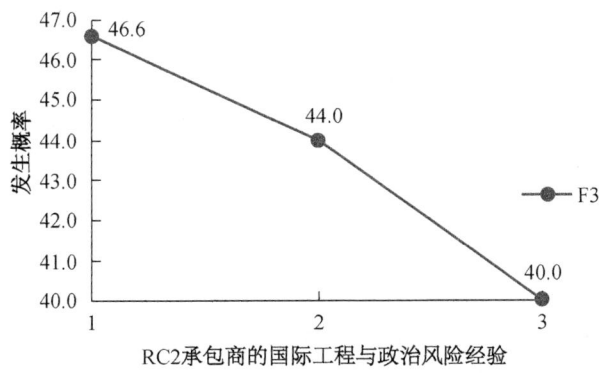

图 6-18　RC5 对政治风险发生概率的敏感性

RC5 越高，代表承包商的国际工程与政治风险经验越丰富。可以看出，随着承包商国际工程经验的增加，其面临的政治暴力风险呈现下降趋势。其敏感性因子为，$\alpha_{RC5\,F3} = 0.033\,0$。

18）RC6 承包商的项目管理水平

承包商的项目管理水平对 F1 法规政策变更风险、F2 行政限制与歧视风险、F4 贪污腐败风险、F5 政府违约风险、F6 针对项目的抗议风险存在影响，其影响的敏感性如图 6-19 所示。

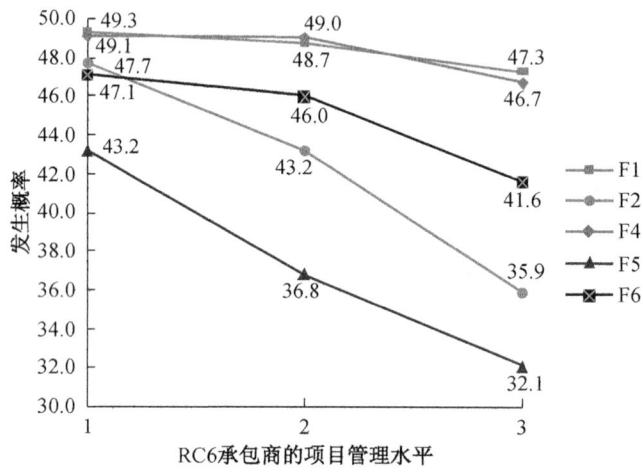

图 6-19 RC6 对政治风险发生概率的敏感性

RC6 越大，代表承包商项目管理水平越高，在项目实施过程中出现的差错越少。随着承包商项目管理水平的提高，F1 法规政策变更风险、F2 行政限制与歧视风险、F4 贪污腐败风险、F5 政府违约风险、F6 针对项目的抗议风险的发生概率均表现出下降趋势。其中 F2、F5、F6 的下降趋势较为明显。RC6 对 F1、F2、F4、F5、F6 的敏感性因子为，$\alpha_{RC6\,F1} = 0.010\,0$，$\alpha_{RC6\,F2} = 0.059\,0$，$\alpha_{RC6\,F4} = 0.012\,0$，$\alpha_{RC6\,F5} = 0.055\,5$，$\alpha_{RC6\,F6} = 0.027\,5$。

6.1.2 国际工程政治风险预防对策

本节将根据 6.1.1 节敏感性分析的结果，针对不同种类的政治风险，识别出可行有效的预防对策。

1）国际工程政治风险预防对策集的构建

从文献和案例中识别出可行的国际工程政治风险预防对策，并分析其具体通过改变哪些变量，从而降低政治风险发生的概率。

（1）充分了解和分析东道国的政治背景和政治形势，选择政治风险较低地区的项目（M1）

一个非常理想的国际工程项目往往得益于一种"政治平滑"和没有政治障碍的环境（Ashley & Bonner，1987）。因此，在进入一个东道国承揽项目之前，充分了解和分析东道国的政治背景和政治形势是至关重要的。对于政治风险较高的国家和地区，承包商可以选择不进入或者退出这个市场（Mortanges & Allers，1996）。

M1 主要通过选择政治系统状态相关变量(RS1、RS2、RS3、GQ1、GQ5、SS1、SS3、EE1、EE2、EP1、CC1)处在合适范围的东道国来降低政治风险的发生概率。

(2) 与项目东道国政府签订协议以获得政府机构的担保(M2)

从风险分散和化解的角度看,政府机构的担保是项目顺利建设的生命线。具体的可行策略包括:①通过政府机构进行股权或债券融资;②通过合同条款绑定东道国政府,当其违约时要求其支付违约金。

M2 通过和东道国政府建立良好关系(提高 RC1)和获得有利的合同条款(提高 RE4)降低政治风险发生概率。

(3) 与当地的承包商组成联合体(M3)

与当地承包商组建联合体有助于降低排外情绪,填补资源和技术缺口,提高企业的竞争力,共享和减少商业风险(Bing, et al., 1999)。比如,在新加坡外资企业与本土企业组建成合资企业将会获得一个保证金优惠的方案,印尼的法律要求外国投资者与本土企业必须合作组建成合资企业才能在印尼投资。

M3 的主要作用是降低排外情绪(提高 SS3)和与东道国政府、社会组织建立良好关系(提高 RC1、RC2)。

(4) 争取有利的合同条件(M4)

工程合同内容涵盖:工程款支付方式、合同价格调整、汇率、国际公认的标准合同内容等,是合同当事人履行权利和义务的法律依据。有利的合同条款是政治风险管理的一个关键要素。工程合同通过在合同内容中进行利益和风险的分配,在业主和承包商之间建立起了一种法律联系。有利的合同条件包括:工程预付款、进度款按月支付、考虑风险的合同价格、合理的风险分担、政治风险担保、国际仲裁条款等。

M4 的主要作用是获得有利的合同条款(提高 RE4)。

(5) 充分了解当地的道德准则和民族、宗教习惯,避免犯错(M5)

企业在经营过程中显现出来的态度和理念会极大程度地影响其项目在当地的外部风险环境。因此,必须充分了解并尊重当地的道德准则和民族、宗教习惯,避免在项目实施过程中因违背当地的道德准则和民族、宗教习惯导致的社会事件。

M5 的主要作用是融入当地社会,降低排外情绪(提高 SS3),避免项目实施过程中犯错,提高项目管理能力(提高 RC6)。

(6) 避免破坏当地环境和劳工利益,避免发生安全、质量事故,并积极参与社会公益事业,建立良好企业形象(M6)

承包商对当地环境的破坏和对当地劳工利益的损害会产生负面的公众舆论、消极的公众观念和不利的公众反映,进而可能引发不利的政治行动(Alon & Herbert, 2009)。积极参与当地社会公益事业可以使承包商更好融入当地社会,弱化其外来者、掠夺者的形象(Ashley & Bonner, 1987)。在东道国建立良好的企业形象有助于和当地政府、社会组织建立良好关系。

M6 的主要作用包括,提高承包商项目管理水平(提高 RC6),与政府和社会组织建立良好关系(提高 RC1、RC2),降低当地民众排外情绪(提高 SS3)。

(7) 加强和当地商业合作(M7)

加强与当地商业合作的方式主要包括雇佣有能力的当地人作为代理人或顾问,使用当地有经验的分包商和供应商。这样做的好处包括充分利用当地代理人或企业的经验(Alon & Herbert,2009);以当地代理人或分包商为桥梁与当地政府和社会组织建立良好关系;与当地商业捆绑,减少抵触(Ashley & Bonner,1987)。

M7 的主要作用包括增加承包商的国际工程经验(提高 RC5),与政府和社会组织建立良好关系(提高 RC1、RC2),降低当地民众排外情绪(提高 SS3)。

(8) 运用股权融资,减少资产投入(M8)

承包商可通过与当地合作伙伴或国际合作伙伴分享当地子公司或项目的所有权,以降低并分担所面临的政治风险。跨国公司可以尽可能运用当地资金,如果当地占有一定的所有权就容易树立起为当地经济或公民谋福利的形象,有利于降低不利的微观政治进程或结果的可能性(Alon & Herbert,2009)。当子公司或项目股权更加多元的时候,东道国政府的行为会考虑更多的因素(邢林博,2014)。对于母公司而言,更少的资产投入,意味着其经营也更加灵活具有弹性(Li, et al,2013)。

M8 的主要作用包括提高 SS3,降低 RE5,提高 RC1、RC2。

(9) 掌握核心和关键技术,获取高技术含量项目(M9)

只要一个外资企业对当地经济做出了本地生产商难以企及的贡献,那么这个外资企业面临的政治风险就会相对较低(Rich & Mahmoud,1990)。如果随着时间的推移,东道国获得了必要的技能并且不再依赖外国公司,那么,征用或国有化的可能性就会变高,企业面临的政治风险也会逐渐增加(Ring, et al.,2005)。从这个层面上来看,企业应时时研究和开发新技术、新产品,掌控核心而关键的技术,保持领先地位,这样就可以减少遭受东道国的政治影响。

M9 的主要作用是提高 RE3。

(10) 与东道国各级政府保持关系良好(M10)

企业可能会与中央、省级或各级地方政府部门接触,所以要保持与东道国各级地方主管机关的良好关系。与东道国各级地方主管机关保持良好关系,国际工程承包商不仅可以及时获得政府政策和计划的最新信息,而且一旦政治风险发生也能与政府协商并获得充分的补偿。

M10 的主要作用是提高 RC1。

(11) 与东道国社会组织建立良好关系(M11)

权力组织是指东道国政府正式的权力机构之外的组织,包括劳动者工会、商业协会、环保组织、有组织地施压团体以及其他利益团体(如当地商业联盟)(Ashley & Bonner,1987)。权力组织可以通过以下几个方面影响国际工程项目的建设实施:①影响决策者制定决策;②塑造政治环境和社会环境;③一些干扰活动(比如额外的行政检查)(Deng, et al.,2014)。

M11 的主要作用是提高 RC2。

(12) 投保政治风险保险(M12)

对承保人而言,相比商业风险保险,国际承包商海外投资项目的政治风险保险具有以下特征:①仅对被保险人财产或权利由于政治因素所遭受的损害负赔偿责任;②政治风险事故发生后,保险标的物不一定遭受损毁或灭失;③政治风险的承保人通常是以一个国家或一个地区作为一个危险单位来考虑其责任范围。若完全依赖投保来规避国际承包商海外投资项目的政治风险亦存在两个问题:①收益和保险的不对称性;②投资的经济价值是以未来现金流量的现值计量的,但是国际承包商只能对其资本投资进行投保。因而,所投的保险仅对国际承包商海外投资的政治风险部分进行保护(杨毅平,2011),而不能对其应得的支付或已签订的合同进行保护。

因此,投保政治风险保险不是万能的,仍然有很多局限性。其应用情境应该是,当国际承包商不得不进入一个政治风险较高的地区,而其他预防措施效果有限的情况下。即便投保了政治风险保险,承包商仍然不能忽视其他风险管理措施,避免"不必担心,我们有保险"的思维方式(杨毅平,2011)。

2) 国际工程政治风险预防对策的匹配

根据6.1.1小节中不同政治风险类型的敏感性分析结果,将政治风险预防对策和每一种政治风险类型相匹配。

(1) 法规政策变动风险

预防法规政策变动风险的可行对策按照有效程度排序,如表6-1所示。

表6-1 预防法规政策变动风险的可行对策

序号	变量	敏感性因子	预防对策	有效性
1	EE1	0.019 0	M1(选择经济自由度适中的国家)	高 ↑
2	RS3	0.017 0	M1(选择经贸联系较紧密的国家)	
3	RE4	0.014 0	M2, M4	
4	RS1	0.010 0	M1(选择文化距离较近的国家)	
5	EE2	0.010 0	M1(选择贸易促进指数适中的国家)	
6	RC6	0.010 0	M5, M6	
7	GQ5	0.009 0	M1(选择腐败控制度适中的国家)	
8	SS1	0.006 0	M1(选择政治稳定度较高的国家)	↓
9	CC1	0.003 0	M1(选择建筑产业成熟度较高的国家)	低

此外,由于对法规政策变动风险敏感度较高的变量大部分为东道国政治系统相关变量,承包商除了谨慎选择要进入的国家外,其他能够有效预防法规政策变动风险的对策比较有限。且所有针对法规政策变动风险的预防对策的敏感性都不算很高。因此,当承包商不得不进入一个法规政策变动风险较高的国家时,投保政治风险保险(M12)成为一个需要被选择的对策。

(2) 行政限制与歧视风险

预防行政限制与歧视风险的可行对策按照有效程度排序,如表6-2所示。

(3) 政治暴力风险

预防政治暴力风险的可行对策按照有效程度排序,如表6-3所示。

对于政治暴力风险而言,承包商的主动预防措施有限。当承包商不得不选择在政治暴力风险较高的国家承揽工程时,投保政治风险保险(M12)是一个很必要的选择。

(4) 贪污腐败风险

预防贪污腐败风险的可行对策按照有效程度排序,如表6-4所示。

表 6-2 预防行政限制与歧视风险的可行对策

序号	变量	敏感性因子	预防对策	有效性
1	EE2	0.124 0	M1(选择贸易促进指数适中的国家)	高
2	RC6	0.059 0	M5,M6	↑
3	RE3	0.056 5	M9	
4	RE4	0.038 5	M2,M4	
5	RE5	0.026 0	M8	
6	EE1	0.010 0	M1(选择经济自由度适中的国家)	↓
7	GQ5	0.009 0	M1(选择腐败控制度适中的国家)	
8	CC1	0.002 0	M1(选择建筑产业成熟度较高的国家)	低

表 6-3 预防政治暴力风险的可行对策

序号	变量	敏感性因子	预防对策	有效性
1	SS1	0.051 5	M1(选择政治稳定度较高的国家)	高
2	GQ5	0.050 0	M1(选择腐败控制度较高的国家)	↑
3	EP1	0.041 5	M1(选择经济发展较快的国家)	
4	SS3	0.036 5	M3,M5,M6,M7,M8,M1	
5	RC5	0.033 0	M7	
6	CC1	0.020 0	M1(选择建筑产业成熟度较高的国家)	↓
7	EE1	0.012 0	M1(选择经济自由度较高的国家)	
8	EE2	0.008 5	M1(选择贸易促进指数较高的国家)	低

表 6-4 预防贪污腐败风险的可行对策

序号	变量	敏感性因子	预防对策	有效性
1	EP1	0.019 0	M1(选择经济发展速度适中的国家)	高
2	CC1	0.018 0	M1(选择建筑产业成熟度较高的国家)	↑
3	GQ5	0.016 5	M1(选择腐败控制度较高的国家)	
4	SS3	0.016 0	M3,M5,M6,M7,M8,M1	
5	RC6	0.012 0	M5,M6	
6	RE5	0.009 5	M7	↓
7	EE1	0.006 0	M1(选择经济自由度较高的国家)	
8	SS1	0.005 5	M1(选择政治稳定度较高的国家)	
9	EE2	0.003 5	M1(选择贸易促进指数较高的国家)	低

(5) 政府违约风险

预防政府违约风险的可行对策按照有效程度排序,如表 6-5 所示。

表 6-5 预防政府违约风险的可行对策

序号	变量	敏感性因子	预防对策	有效性
1	EE1	0.153 0	M1(选择经济自由度适中的国家)	高 ↑ ↓ 低
2	RC1	0.081 0	M2,M3,M6,M7,M8,M10	
3	RS2	0.060 0	M1(选择政治联系适中的国家)	
4	RC6	0.055 5	M5,M6	
5	RS3	0.042 0	选择经贸联系较紧密的国家	
6	GQ5	0.022 0	M1(选择腐败控制度适中的国家)	
7	CC1	0.013 0	M1(选择建筑产业成熟度较高的国家)	

(6) 针对项目的抗议风险

预防针对项目的抗议风险的可行对策按照有效程度排序,如表 6-6 所示。

表 6-6 预防针对项目的抗议风险的可行对策

序号	变量	敏感性因子	预防对策	有效性
1	RC2	0.041 5	M3,M6,M7,M8,M11	高 ↑ ↓ 低
2	RC1	0.035 0	M2,M3,M6,M7,M8,M10	
3	RC6	0.027 5	M5,M6	
4	RS2	0.020 0	M1(选择政治联系较紧密的国家)	
5	GQ1	0.019 5	M1(选择民主程度较低的国家)	
6	RS3	0.013 0	M1(选择经贸联系适中的国家)	

6.2 国际工程政治风险处置对策研究

本研究将国际工程政治风险处置对策定义为:当政治风险事件发生之后,国际承包商及其背后的母国政府所能采取的减小政治风险对国际工程项目的影响,减小因政治风险事件导致的损失的对策。

本小节拟采用系统动力学模型来模拟国际工程政治风险处置对策的生效过程,建立国际工程政治风险处置对策效果评估模型,为国际工程政治风险处置对策的选择提供决策支持。

6.2.1 系统动力学概述

系统动力学(System Dynamics，SD)是一门以系统论、控制论、管理科学及决策论、信息技术等学科为基础,分析研究信息反馈系统,沟通自然科学与社会科学领域并认识和解决系统问题的综合性学科。系统是由相互联系、相互影响的因素组成,因素之间的因果关系相互作用形成了系统的功能和行为。系统动力学研究的重点是系统的自反馈结构及其机制,而要研究系统的反馈结构,就必须清楚地分析系统的构成因素以及相互之间的关系,并把它们连接起来形成回路,即用因果反馈图来描述它们之间的因果关系。系统动力学由美国麻省理工学院的福雷斯特(Jay. W. Forrester)教授于 20 世纪 50 年代中期在"工业动力学"论文中提出,随后其学生梅多斯(D. H. Meadows)于 20 世纪 70 年代初应用系统动力学建立了世界模型。该方法用于研究社会系统内部因素之间的相互关系,并用计算机进行仿真,被社会学家形象地誉为"策略实验室"(苏懋康,1988)。该方法通过研究系统的结构模型,分析系统内部各因素之间的因果关系,利用反馈、调节和控制原理进一步设计反映系统行为的反馈回路,并借助计算机仿真技术,对信息反馈系统结构、功能和行为之间的动态关系进行分析、推理和综合,以达到认识和解决问题的目的。目前,系统动力学正成为一种常用的系统分析工具和方法,渗透到许多研究领域。

因果关系图、流图、变量和方程是系统动力学的基本分析方法和工具。

1) 因果关系图(Causal Diagram)

因果关系图是一种定性描述系统变量之间因果关系的图示模型。系统动力学强调系统反馈的因果关系。反馈的因果关系构成了系统动力学研究系统结构的基础,也是系统内部各种关系的体现。系统的因果关系可用连接要素的因果关系键来描述。从变量 A 指向变量 B 的箭头线表示 A 对 B 的作用,因果箭的箭尾 A 是原因,箭头则指向结果 B,如图 6-20(A)。如果变量 A 增加,变量 B 也随之增加,即 A、B 的变化方向一致,用"+"号标注因果关系键旁,这种键称为正因果关系,如图 6-20(B)。如果变量 A 增加,变量 B 反而减少,即 A、B 两变量变化的方向相反,则其键用"一"号标记,并称之为负因果关系键,如图 6-20(C)。

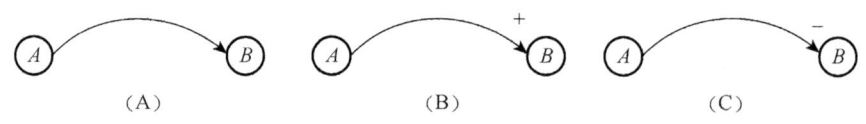

图 6-20 因果关系图

2) 流图(Flow Graph)

系统动力学认为因果关系系统中包含连续的、类似流体流动与积累的过程。流图在因果关系图的基础上进一步区分变量的性质,仿效阀门与水池的关系将速率与状态变量描述为如图 6-21 所示。速率变量随着时间的推移,使状态变量的值增加或减少,此图可以清晰地描述影响因果关系系统的动态性能的积累效应。

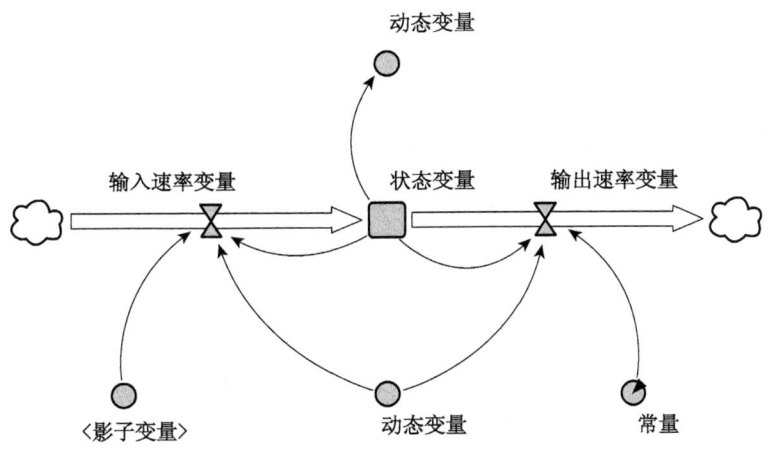

图 6-21 流图及各种变量的表示符号

3) 变量

SD 的变量包括以下几种：

① 状态变量(Level Variable, L)，是最终决定系统行为的变量，随着时间变化，当前时刻的值等于过去时刻的值加上这一段时间的变化量。

② 速率变量(Ratevariable, R)，反映状态变量时间增大或减小的速率。

③ 辅助变量(Auxiliary Variable, A)，也叫动态变量，值由系统中其他变量求得，当前值和历史值相互独立。

④ 常量(Constant Variable, C)，值不随时间变化的量。

⑤ 影子变量(Shadow Variable, S)，也叫外生变量，值随时间变化，但不受系统中其他变量影响。

4) 方程

SD 建模需要建立各个变量之间的方程式，以确定状态之间的递推关系。方程式主要有以下三种形式：

① 状态变量方程

$$\text{lv } S(t) = \text{lv } S(t_0) + \int_{t_0}^{t} \text{rate } S(t) dt = \text{lv } S(t_0) + \int_{t_0}^{t} [\text{inflow } S(t) - \text{outflow } S(t)] dt \tag{6-2}$$

式中，$\text{lv } S(t)$ 为 t 时刻状态变量值；$\text{lv } S(t_0)$ 为状态变量的初始值；$\text{rate } S(t)$ 为该状态变量的变化速率。

② 速率方程

$$\text{rate } S(t) = g[\text{lv } S(t), \text{aux}(t), \text{exo}(t), \text{const}] \tag{6-3}$$

式中，$\text{aux}(t)$ 和 $\text{exo}(t)$ 分别为 t 时刻的辅助变量和外生变量，const 为常量。

③ 辅助方程

$$\text{aux } S(t) = f[\text{lv } S(t), \text{aux}^*(t), \text{exo}(t), \text{const}] \tag{6-4}$$

式中，$\text{aux}^*(t)$ 为除了待求辅助变量外的其他辅助变量。

6.2.2 国际工程政治风险处置对策效果评估 SD 模型构建

1）模型构建前提

根据前文定义，国际工程政治风险是由于东道国政府或社会组织的原因导致项目生产经营环境发生不利变化，进而给承包商带来不利后果。因此，本研究将国际工程政治风险处置对策及其生效的过程抽象为：国际工程项目在东道国的经营环境由于东道国政府或社会原因发生变化后，承包商或其背后的母国政府为了减小这种环境变化对项目带来的损失，通过一定的措施或手段与东道国当局（中央政府、地方政府或社会组织）重新达成一致，使国际工程项目在新的环境下重新达到平衡的过程。

2）建模目的

本研究构建国际工程政治风险处置对策效果评估 SD 模型的主要目的包括以下几点：

（1）探索处置对策在政治风险环境下的作用机制。考虑政治风险的动态变化、项目受到政治风险的动态影响以及承包商与东道国当局的动态博弈过程等动态因素的共同影响下，国际工程政治风险处置对策是如何生效的。

（2）构建特定政治风险环境下，国际工程政治风险处置对策效果的评估平台。通过对国际工程政治风险处置对策的生效过程进行 SD 仿真，可以模拟不同环境下，某一政治风险处置对策的生效过程并评估其对策效果。从而为承包商建立政治风险处置预案提供决策支持。

（3）识别对政治风险处置对策效果具有关键影响的敏感性因素。分析不同因素对政治风险处置对策效果的影响程度和影响方式，进而识别出敏感性较高的因素。为中国国际承包商提高抗政治风险能力、最大化其政治风险处置对策的效果提供合理化建议。

3）系统边界

本章将国际工程政治风险处置对策的生效过程看做一个系统，该系统运行的功能是减小政治风险事件对国际工程项目的负面影响，实现对策收益。对策生效的过程受到对策的特征、政治风险事件对国际工程项目的压力、承包商与东道国政府的博弈等相关因素的影响，对策自身的特征决定了对策的成本以及承包商和东道国政府二者的收益，政治风险事件对国际工程项目的压力决定了对策生效的紧迫性，承包商与东道国政府的博弈决定了对策生效的可能性。因此，系统的边界为处置对策、政治风险、工程项目、承包商、东道国政府。

4）系统中的因素

该系统主要模拟国际工程政治风险处置对策的生效过程。建模主要针对政治风险环境、国际工程项目、政治风险处置对策、承包商和东道国当局的博弈过程之间的互动关系。考虑政治风险环境、国际工程项目、政治风险处置对策、承包商和东道国当局的博弈过程等要素，构建多因素动态交互演化的分析模型。该模型主要涉及以下几个方面的因素：

（1）政治风险环境相关因素：政治风险事件发生后，其发展和对外国投资的影响受到东道国政治社会因素的调节作用(Yin,2003)。政治风险环境相关因素包括政治风险类型、东道国母国关系、东道国政府治理水平等。这些因素共同决定了国际工程项目在政治风险下受到的压力大小。

(2) 国际工程项目相关因素:根据赵林度(李永红和赵林度,2010)等学者的研究,项目系统在外部环境风险冲击作用下所表现出的抵抗作用类似于 Maxwell 元件,此类元件由一个弹性元件与一个粘性元件串联而成,表现出粘弹性(Schmid-Schönbein, et al., 1981)。弹性代表项目自身对风险的被动抵抗能力,由项目风暴露来表征;粘性代表项目自身应对风险的学习能力,是一种主观抵抗能力,由项目风险应对能力来表征。项目粘弹性越大,其受到风险冲击作用后的应变速率越小,其随着时间的应变程度也越小。

(3) 政治风险处置对策相关因素:主要包括对策的收益、成本,以及承包商或其背后的母国政府为了使对策生效而让渡给东道国当局的政治补偿。这种政治补偿包括社会贡献、政治捐献、政治游说、来自母国的协议沟通,也包括反向的威胁,如以集体撤资为威胁、来自母国的压力等(Keillor, et al., 2009;王旋子,2013)。

但是,根据鲁宾斯坦的讨价还价理论(穆素,2005),对策生效被拖延的每个时期,其收益都会有一个折扣,即被贴现(Discount),被贴现的速率用贴现因子来表示。

(4) 承包商和东道国当局的博弈过程相关因素:主要包括共识积累情况和对策生效概率。随着共识积累的增加,对策生效概率提高。而承包商谈判力系数和对策与东道国需求一致性可以放大或减小共识积累的速度。

6.2.3 国际工程政治风险处置对策效果评估 SD 模型结构分析与方程构建

国际工程政治风险处置对策效果评估 SD 模型,涉及政治风险对项目压力子系统、政治风险处置对策子系统以及承包商—东道国当局的博弈过程子系统。

1) 政治风险对项目压力子系统

该模型中政治风险—项目系统子系统如图 6-22 所示。该子系统所包含的变量包括:政治风险类型(PR_Type)、东道国母国关系(Home_Host_Relationship)、东道国政府治理水平(Governance_Level)、风险应力(σ)、项目风险应对能力(Capacity)、项目风险暴露(Exposure)、项目粘弹性(Viscoelasticity)、应变速率(Strain_Rate)、项目应变(ε)。

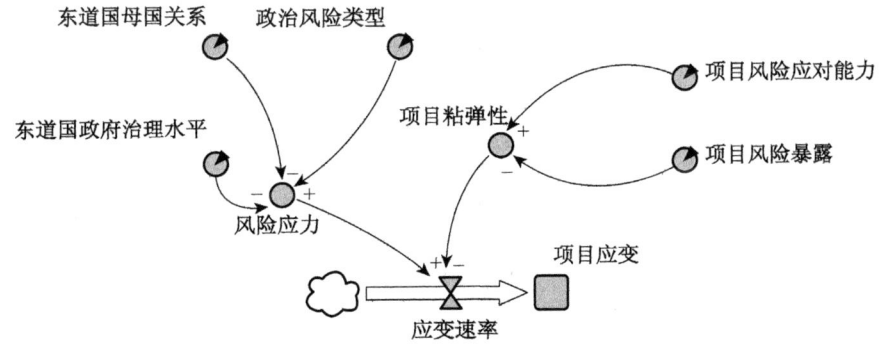

图 6-22 政治风险对项目压力子系统

(1) 风险应力方程

由于政治风险事件发生后，其发展和对外国投资的影响受到东道国政治社会因素的调节作用。因此，本研究假设风险事件发生会产生一个初始的风险应力，而这个风险应力的变化受到东道国政治社会因素的调节。根据第4章对国际工程政治风险形成路径的研究，对政治风险后果有影响的东道国社会政治因素为东道国母国关系和东道国政府治理水平，且二者的权重比为(0.45∶0.48)。

$$\sigma(t) = \text{PR\_Type} \times (1 - w_1 \text{Home\_Host\_Relationship} - w_2 \text{Governance\_Level})^t \tag{6-5}$$

式中，w_1 和 w_2 为变量东道国母国关系和东道国政府治理水平的权重。变量东道国母国关系和东道国政府治理水平在标准化处理之后的取值范围为(-1, 1)。

(2) 政治风险类型

不同的政治风险类型带来的政治风险后果也不相同，由此产生的政治风险应力初始值也不相同。本研究通过对前文所收集案例的统计来确定不同政治风险类型的风险后果平均值。由于案例中存在若干政治风险事件同时发生的情况，本研究建立并训练出如图6-23所示的贝叶斯网络模型，用来分离不同种类政治风险的后果。

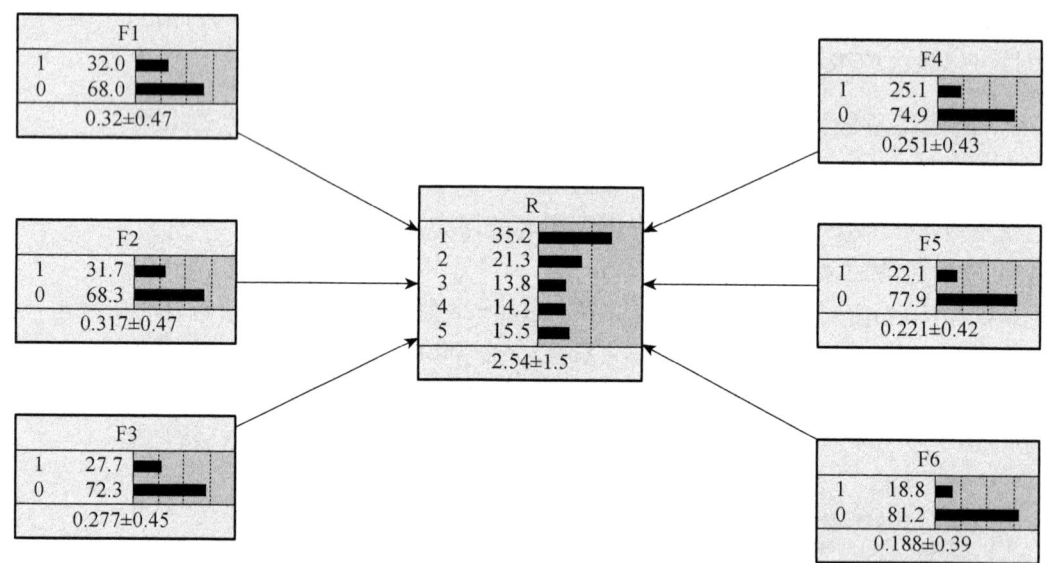

图 6-23 政治风险类型对应政治风险后果的贝叶斯网络

该模型可以计算出当某一政治风险类型单独发生时，其风险后果影响水平的分布和均值，例如，当F1法规政策变动风险单独发生时，该模型结果如图6-24所示。F1发生时，其风险后果均值为2.24。

所有类型的政治风险单独发生时，风险应力初始值如表6-7所示。同时，由表6-7也可以看出，不同类型的政治风险对项目的威胁从大到小排序为：F5政府违约风险、F3政治暴力风险、F2行政限制与歧视风险、F1法规政策变动风险、F6针对项目的抗议风险、F4贪污腐败风险。

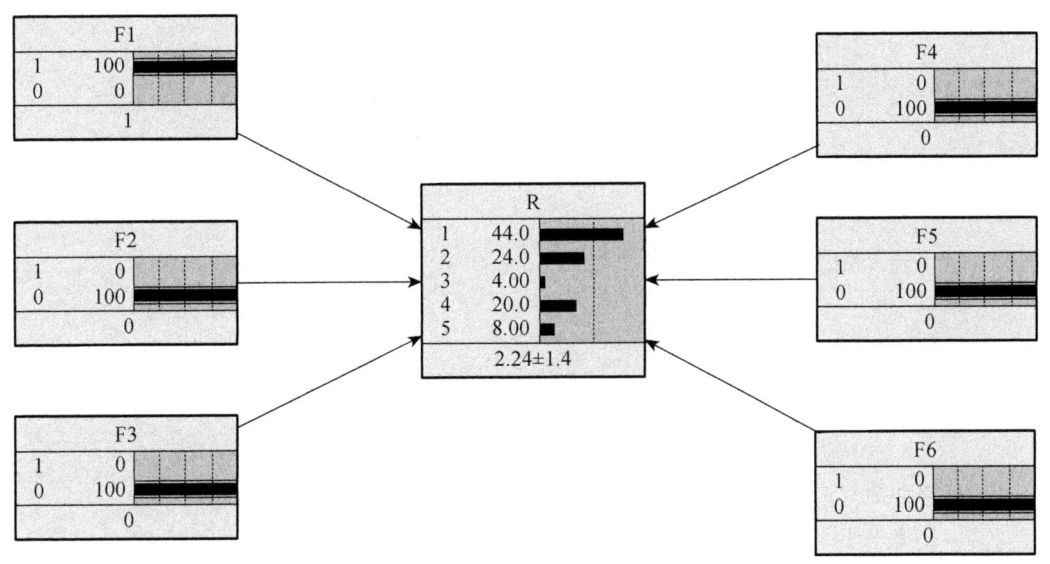

图 6-24 F1 单独发生时的风险后果

表 6-7 政治风险类型及其风险应力初始值

风险类型	F1	F2	F3	F4	F5	F6
风险应力	2.24	2.46	2.54	1.95	3.17	2.00

(3) 项目粘弹性

项目粘弹性为一个二维变量,包括项目风险应对能力、项目风险暴露两个维度。

$$\mathrm{Viscoelasticity} = (\mathrm{Capacity}, \mathrm{Exposure}) \tag{6-6}$$

(4) 应变速度和项目应变

Maxwell 元件的应变满足式(6-7):

$$\frac{\mathrm{d}\varepsilon}{\mathrm{d}t} = \frac{1}{E} \times \frac{\mathrm{d}\sigma(t)}{\mathrm{d}t} + \frac{1}{\eta} \times \sigma(t) \tag{6-7}$$

式中,E 为代表元件的弹性;η 代表元件的粘性。

因此项目应变速率及项目应变满足式(6-8)和式(6-9)。

$$\mathrm{Strain\_Rate}(t) = \frac{\mathrm{d}\varepsilon}{\mathrm{d}t} = \mathrm{Exposure} \times \frac{\mathrm{d}\sigma(t)}{\mathrm{d}t} + \frac{1}{\mathrm{Capacity}} \times \sigma(t) \tag{6-8}$$

$$\varepsilon(t) = \int_{t_0}^{t} \mathrm{Strain\_Rate}(t)\,\mathrm{d}t \tag{6-9}$$

2) 政治风险处置对策子系统

该模型中政治风险—项目系统子系统如图 6-25 所示。该子系统所包含的变量包括:对策对东道国的政治补偿(Political_Compensation)、对策成本(Cost)、收益系数(Payoff_Coefficient)、对策收益初始值(Initial_Payoff)、对策收益(Payoff)、项目应变(ε)、贴现因子(Discount_Factor)。

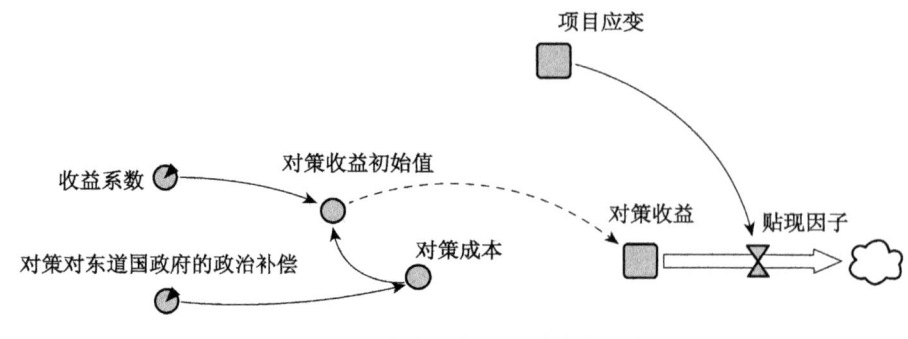

图 6-25　政治风险处置对策子模块

(1) 对策成本

当某一对策给以东道国当局更多的政治补偿时,其所耗费的成本也必然更大。

$$\text{Cost} = \lambda \times \text{Political\_Compensation} \tag{6-10}$$

(2) 对策收益初始值

$$\text{Initial\_Payoff} = \text{Payoff\_Coefficient} \times \text{Cost} \tag{6-11}$$

(3) 对策收益

根据鲁宾斯坦的讨价还价理论,对策生效被拖延的每个时期,其收益都会有一个折扣,即被贴现,被贴现的速率用贴现因子来表示。再加上对策如果不能产生效果,政治风险事件将会对项目产生持续影响,实际上贴现因子也在随着时间不断变大。本研究根据以上理论假设:

$$\text{Discount\_Factor} = 1 - \exp(-\varepsilon \times t) \tag{6-12}$$

$$\text{Payoff} = \text{Initial\_Payoff} - \int_{t_0}^{t} \text{Discount\_Factor} \, dt \tag{6-13}$$

3) 承包商—东道国当局的博弈过程子系统

该模型中承包商—东道国当局的博弈过程子系统如图 6-26 所示。该子系统所包含的变量包括:共识积累速率(Consensus_Accumulation_Rate)、共识积累量(Consensus_Accumulation)、承包商谈判力系数(Bargaining_Power)、对策与东道国需求一致性(Demand_Fit)、对策生效概率(Effective_Probability)、对策效果(Measure_Effect),等等。

(1) 共识积累量

根据前文分析,国际工程政治风险处置对策生效的过程就是承包商和东道国当局在新的政治环境下,不断积累共识,并最终达成一致的过程。

承包商或其背后的母国政府为了使对策生效而让渡给东道国当局政治补偿。这种政治补偿包括社会贡献、政治捐献、政治游说、来自母国的协议沟通,也包括反向的威胁,如以集体撤资为威胁、来自母国的压力等(Keillor, et al., 2009;王旋子,2013)。而不同类型的政府具有不同的行为偏好,例如权力型政府更加偏好获得政治租金(Political Contributions),而保

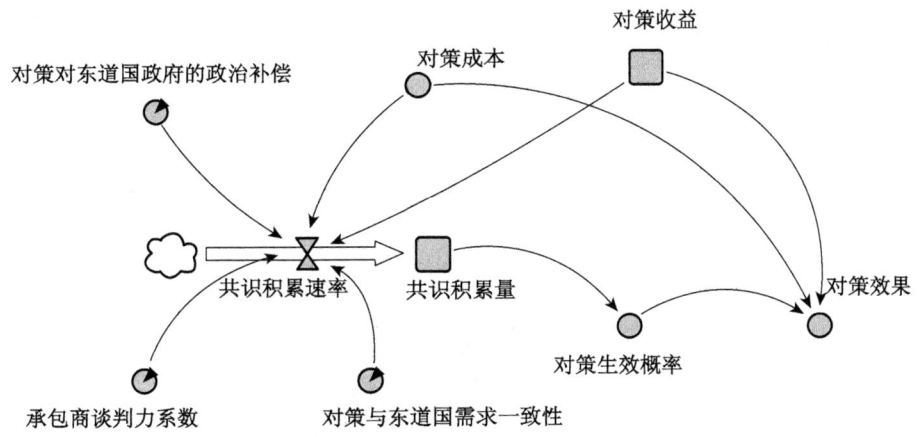

图 6-26 承包商—东道国当局的博弈过程子模块

护型政府更加倾向于提高社会总体福利(王旋子,2013;Grossman & Helpman,1996)。因此,处置措施提供的政治补偿与东道国当局需求的一致性非常重要,决定了政治补偿转化为共识的速率。承包商谈判力(Bargaining Power)代表承包商独特的竞争优势和其在东道国的生产经营促进东道国政府目标的程度(Lohrke,et al.,2013)。拥有较高谈判力的承包商,意味着在与东道国政府的博弈中有更大的议价能力,这种议价能力对政治补偿转化为共识的过程具有调节作用。对策收益水平代表承包商从该对策中获得的收益。从承包商角度而言,对策收益的降低同样会降低共识积累的速率,降低承包商方面与东道国当局达成一致的意愿。因此,共识积累速率和共识积累量的方程满足式(6-14)和式(6-15)。

$$\text{Consensus\_Accumulation\_Rate} = \text{Bargaining\_Power} \times \text{Demand\_Fit} \times \text{Political\_Compensation} + \text{Payoff} - \text{Cost} \qquad (6-14)$$

$$\text{Consensus\_Accumulation} = \int_{t_0}^{t} \text{Consensus\_Accumulation\_Rate} \, dt \qquad (6-15)$$

(2) 对策生效概率

对策的生效除了共识不断积累的必然因素之外,还存在一定的偶然因素。一般可以把导致对策生效因素的发生近似看做服从强度为 λ 的泊松分布(穆素,2005),λ 的大小与共识的积累量成正比。因此,对策生效的概率服从参数为 λ 的指数分布。

$$\text{Effective\_Probability} = \exp(-\lambda \times \text{Consensus\_Accumulation} \times t) \qquad (6-16)$$

(3) 对策效果

对策效果受到对策收益、对策成本和对策生效概率三个变量的控制。对策效果的含义是对策收益的期望与对策成本的比值。

$$\text{Measure\_Effect} = \text{Payoff} \times \text{Effective\_Probability}/\text{Cost} \qquad (6-17)$$

三个模块整合在一起就形成了如图 6-27 所示的国际工程政治风险处置对策效果 SD 模型。

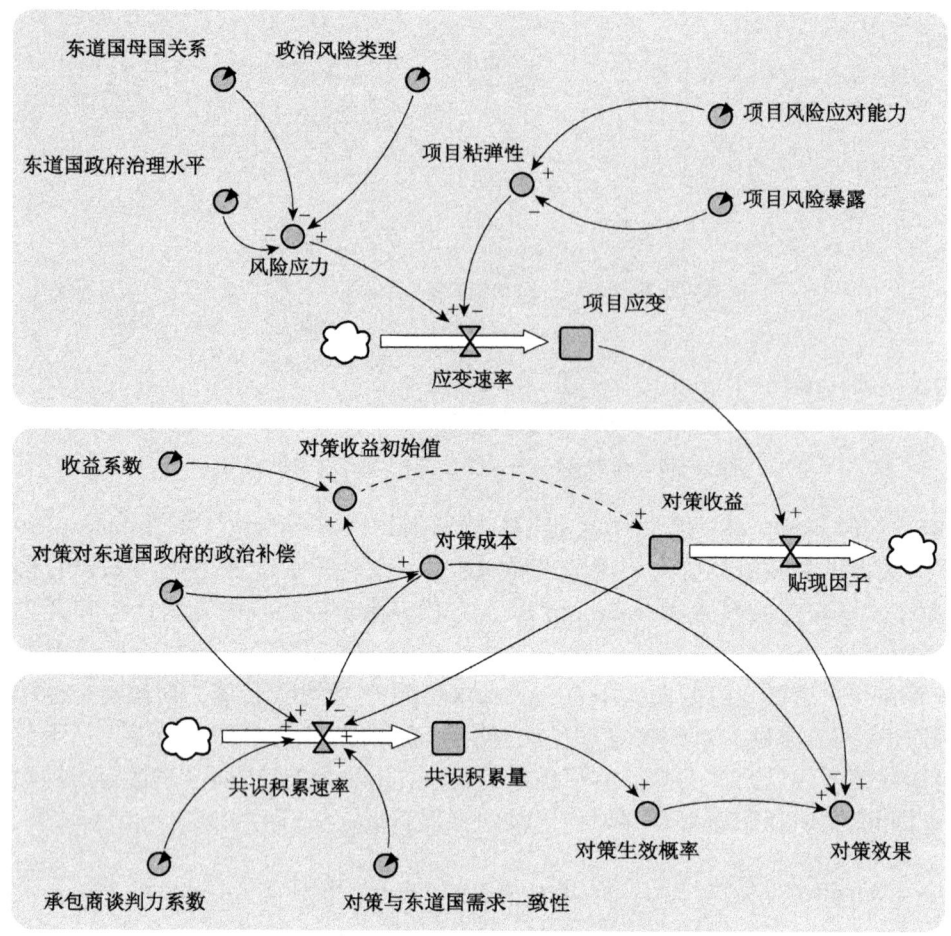

图 6-27 国际工程政治风险处置对策效果 SD 模型

6.2.4 案例仿真

1) 案例基本情况和处置对策仿真

以 5.3.3 节中的案例为例,应用构建的国际工程政治风险处置对策效果评估 SD 模型,对该项目的政治风险处置对策的生效过程进行模拟和仿真。孟加拉国与中国关系这一指标标准化后得分为 0.154,其政府治理水平这一指标标准化后得分为 −0.490。该项目的风险应对能力评分为 4,风险暴露程度评分为 3。根据第 5 章建立的政治风险智能预测的贝叶斯网络模型,该项目可能遭受的政治风险主要为 F1 法规政策变动风险(发生概率 50.0%)、F2 行政限制与歧视风险(发生概率 50.0%)、F4 贪污腐败风险(发生概率 66.7%)。根据预测结果,该项目遭受 F4 贪污腐败风险的可能性最大,因此针对该项目在发生 F4 贪污腐败风险的情景下,应用系统仿真软件 Anylogic7 进行对策效果的模拟和仿真。仿真时间单位为天,模型所有变量均为无量纲变量,模型单位检查不存在量纲不一致问题。

假设该风险发生后,承包商可采取对策 1 和对策 2。其中对策 1 对东道国当局的政治补偿为 10,收益系数为 1.5 的处置对策,与东道国当局需求的一致性为 0.8;对策 2 对东道国当局的政治补偿为 8,收益系数为 1.6 的处置对策,与东道国当局需求的一致性为 0.9。

该承包商的谈判力系数为 1.5。

运行模型,对该项目在发生 F1 法规政策变动风险的情景下进行对策效果的仿真,仿真的结果如图 6-28 所示。

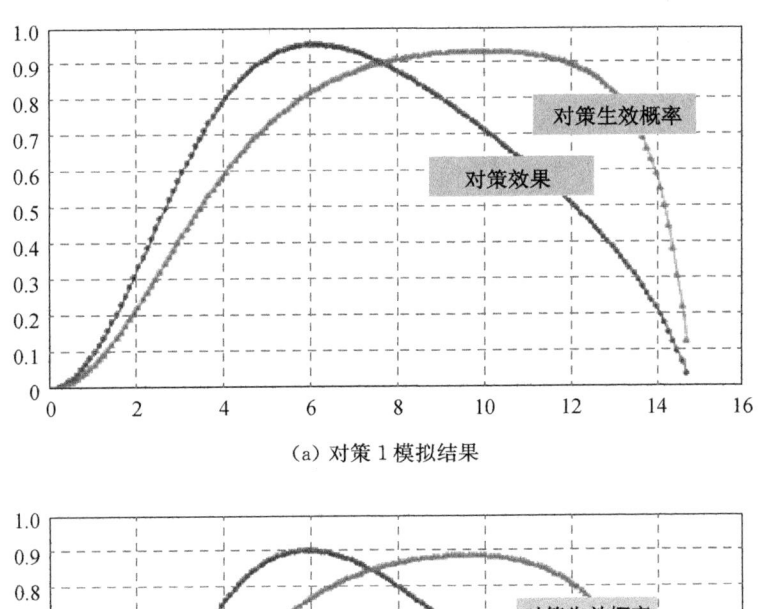

(a) 对策 1 模拟结果

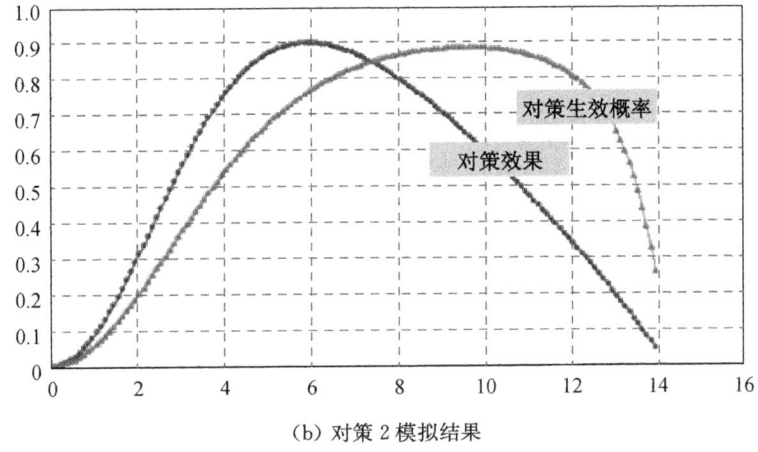

(b) 对策 2 模拟结果

图 6-28 对策效果和对策生效概率的趋势图

由图 6-28 可以看出,对策 1 与对策 2 相比,对策效果可以达到一个更高的峰值,且二者的对策效果达到峰值的时间差不多,而且对策 1 的生效概率比对策 2 的生效概率上升更快。因此,总体而言,在该案例的情景下,对策 1 的效果优于对策 2。

此外,对策生效概率随着时间的增长先逐步增大,之后又急速下降。其原因是,对策使用初期,双方共识不断积累,随着时间推移,对策生效的概率不断变大。但是如果对策迟迟不能生效,项目在政治风险压力下,项目应变不断增大,对策收益越来越低,最终导致该对策对承包商不再具有好处,双方已经积累的共识开始迅速减少,对策生效的概率也急速下降。

对策效果一开始随着对策生效概率的增长不断增长,达到峰值之后,对策生效概率的增长不能够弥补对策收益。随着时间的降低,对策效果开始降低。当对策生效概率也开始下降之后,对策效果开始迅速下降。

对策生效概率和对策效果的变化均与实际情况比较相符,该 SD 模型对国际工程政治风险处置对策的模拟具有现实意义。

该对策的对策效果在达到峰值的时候,对策生效概率已经超过 0.8。说明在此情景下,该对策在收益还没有被蚕食太多的情况下,已经基本可以生效,即该对策在此情景下是有效的。但是该对策的对策效果峰值并不能超过 1(收益的期望小于成本),说明对策的实际效果并不十分明显,承包商还需要找寻新的对策以应对政治风险。

此 SD 模型的主要作用是,为国际工程承包商提供模拟政治风险处置对策的仿真平台,为国际承包商的政治风险处置对策比选、政治风险预案的建立提供决策支持。

2) 敏感性分析

为了分析其他模型参数对对策生效过程的影响,指导承包商如何才能使特定政治风险处置对策最大程度上发挥效果,本研究在国际工程政治风险处置对策效果评估 SD 模型的基础上,构建敏感性分析的实验平台,如图 6-29 所示。

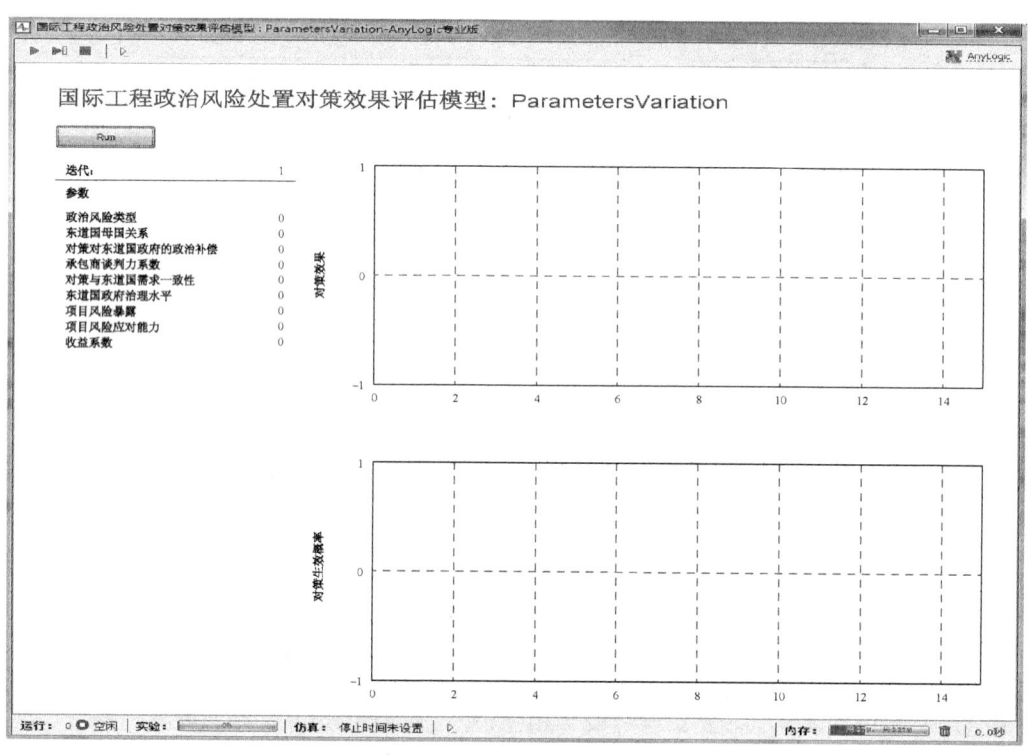

图 6-29 敏感性分析实验平台

在所有模型参数中,项目风险暴露、项目风险应对能力、承包商谈判力系数、对策与东道国需求的一致性是承包商可以主动改变和优化的四个参数。本研究将针对这四个参数分布做敏感性分析。

(1) 项目风险暴露与项目风险应对能力

项目风险暴露对对策效果和对策生效概率的敏感性分析如图 6-30 和图 6-31 所示。项目风险应对能力对对策效果和对策生效概率的敏感性分析如图 6-32 和图 6-33 所示。

由以上敏感性分析结果可以看出,项目风险暴露与项目风险应对能力分别取值 1、2、3、4、5 时,二者对对策效果及对策生效概率的敏感性在形态上是类似的。这两个参数对对

6 国际工程政治风险的对策选择研究

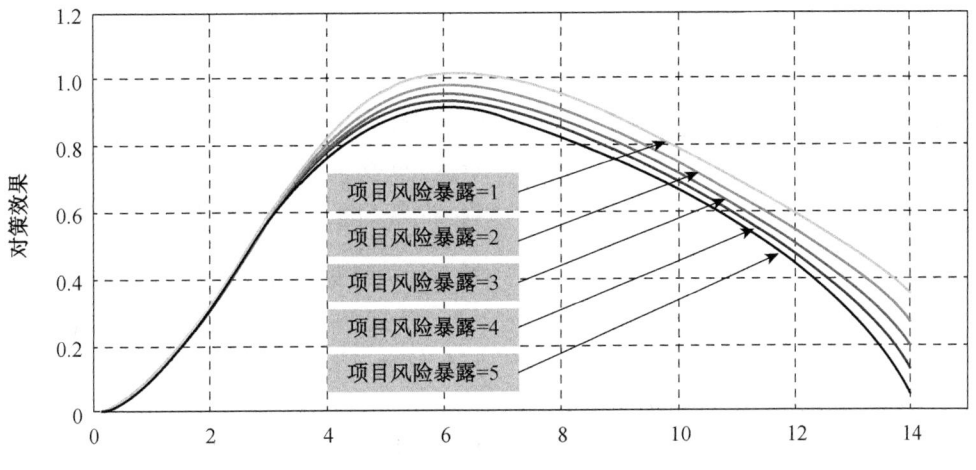

图 6-30 项目风险暴露对对策效果的敏感性分析

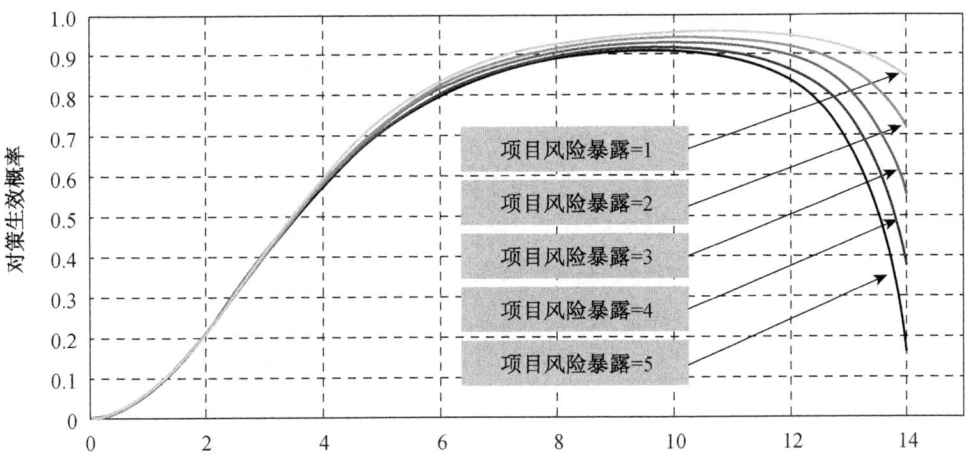

图 6-31 项目风险暴露对对策生效概率的敏感性分析

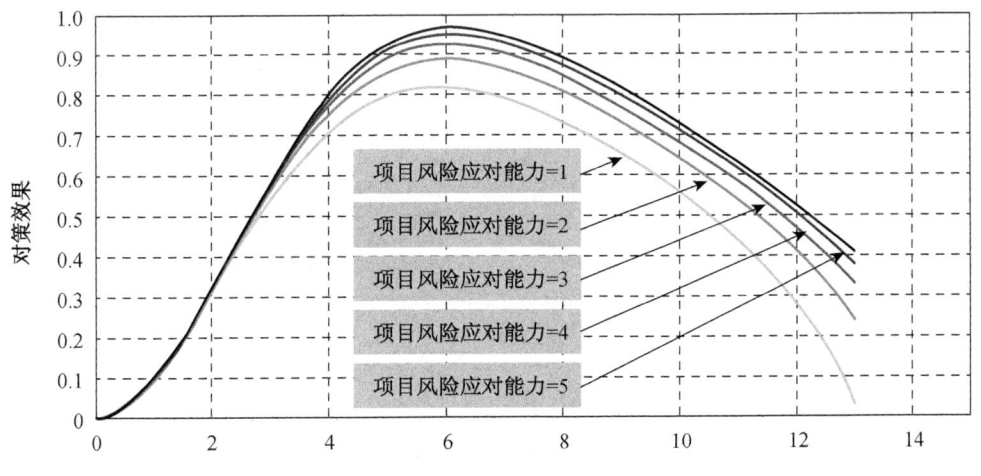

图 6-32 项目风险应对能力对对策效果的敏感性分析

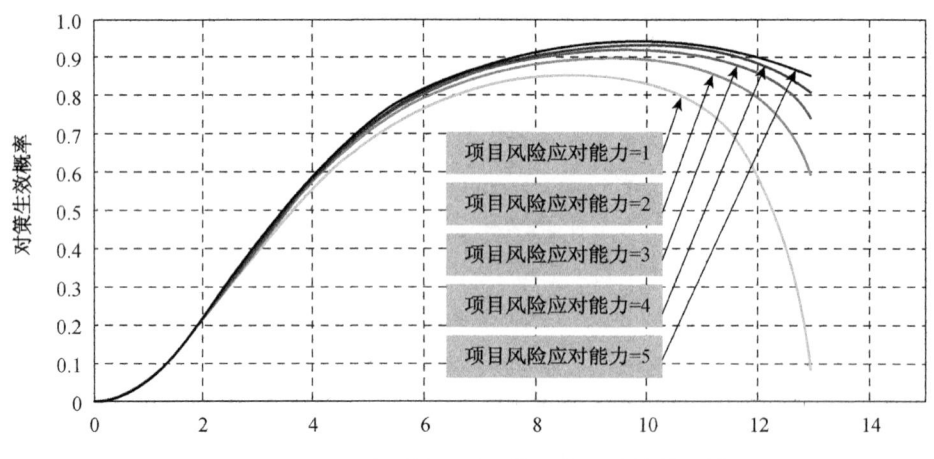

图 6-33 项目风险应对能力对对策生效概率的敏感性分析

策效果和对策生效概率的上升过程影响不大,对对策效果和对策生效概率的下降过程却有非常明显的影响。即更高的项目风险应对能力与更低的项目风险暴露会使对策效果和对策生效概率达到更高的峰值,且在达到峰值之后下降的速度更加平缓。此外,在更高的项目风险应对能力与更低的项目风险暴露的情况下,对策生效概率可以达到更高的水平;在对策生效概率达到一个较高的水平时,对应的对策效果也更高。

也就是说,在政治风险事件发生之后,更高的项目风险应对能力与更低的项目风险暴露可以使项目有更强的弹性来抵御风险压力,给承包商更充分的时间与东道国当局达成一致,给政治风险处置对策更充分的时间发挥其效果。

对比项目风险暴露与项目风险应对能力的敏感性可以看出,项目风险应对能力比项目风险暴露具有更高的敏感性。对于承包商而言,为了使项目在面对政治风险时,处置对策能更加有效地发挥,提高项目风险应对能力更为重要也更为现实。

(2)承包商谈判力系数与对策与东道国需求的一致性

从式(6-14)可以看出,承包商谈判力系数与对策与东道国需求的一致性对共识积累速率的作用原理相同,此处分析承包商谈判力系数与对策与东道国需求的一致性的乘积对对策效果和对策生效概率的敏感性。如图 6-34 和图 6-35 所示。

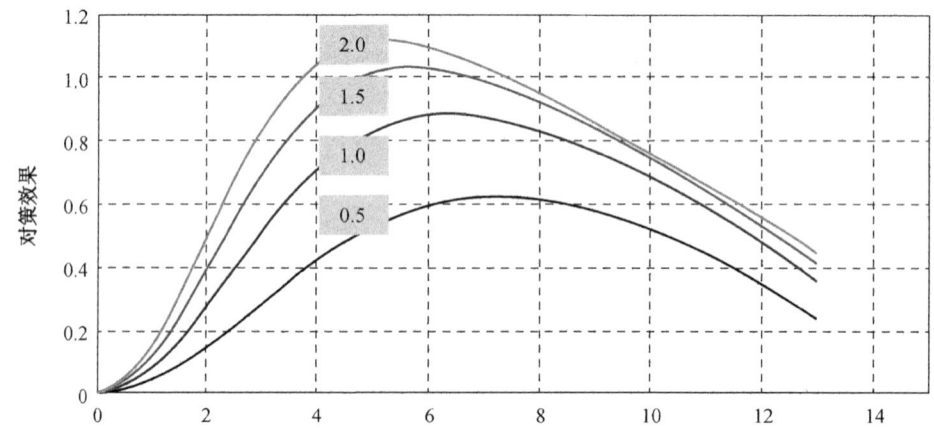

图 6-34 承包商谈判力系数与对策与东道国需求的一致性的乘积对对策效果的敏感性

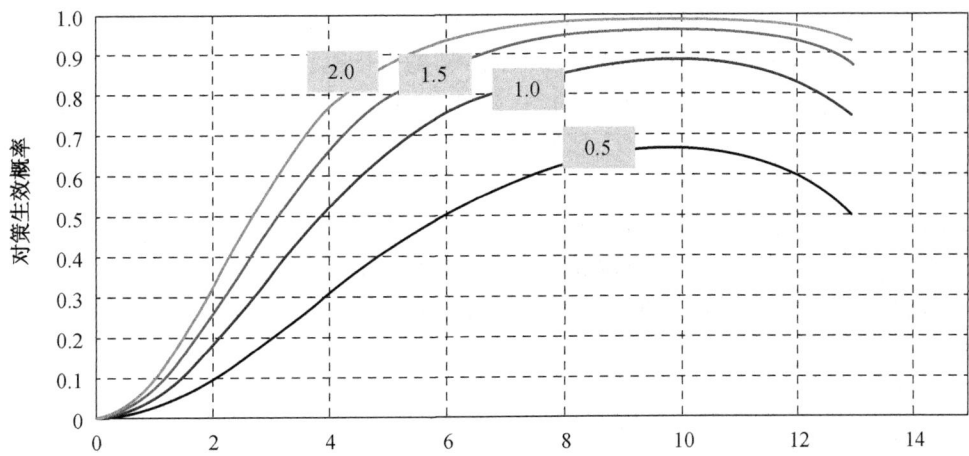

图6-35 承包商谈判力系数与对策与东道国需求的一致性的乘积对对策生效概率的敏感性

由以上敏感性分析可以看出,承包商谈判力系数与对策与东道国需求的一致性主要对对策效果和对策生效概率的上升过程具有很高的敏感性。越高的承包商谈判力系数与对策与东道国需求的一致性,对策生效概率和对策效果随着时间的上升速度越快,达到的峰值越高,达到峰值的时间也越早。

因此,承包商谈判力系数与对策与东道国需求的一致性两个变量的提高可使政治风险处置对策更早生效,并且达到更好的效果,使项目免遭长时间的风险压力。

6.3 国际工程政治风险管理机制设计

6.3.1 承包商的国际工程政治风险管理工作内容

根据前文研究,承包商的国际工程政治风险管理工作主要包括风险预测、风险预防、风险处置三项工作。此外,风险监控和风险管理总结也是政治风险管理的重要工作。风险监控工作为风险预测、风险预防、风险处置提供数据支撑,贯穿项目全生命周期。风险管理总结工作对风险预测、风险预防、风险处置的效果进行总结,形成风险管理报告。这五项工作的关系如图6-36所示。

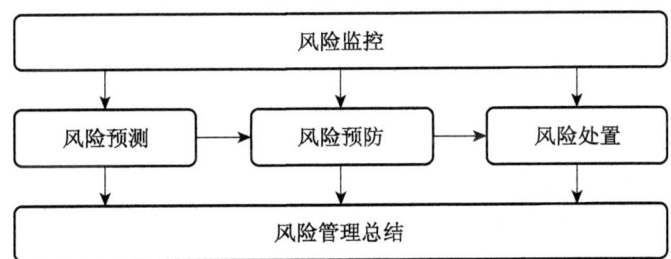

图6-36 承包商的国际工程政治风险管理工作模块

承包商应建立专门的风险监控部门,时刻关注东道国政治社会环境相关指标以及项目风险暴露和风险应对能力相关指标。在项目决策阶段,通过外交部网站、商务部网站、世界银行数据库、世界经济论坛数据库、ICRG、经济学人智库等渠道充分了解东道国国情,获得东道国政治社会环境相关指标的数据,为风险预测提供依据。在项目实施阶段,不断关注东道国政治社会环境相关指标和项目相关指标的变化,以及东道国相关政府部门和政治组织的动态,为项目实施阶段的风险预测、风险预防和风险处置提供依据。

1) 风险预测

以风险监控得到的数据为基础,通过本研究第5章建立的国际工程政治风险智能预测模型对不同种类政治风险的发生概率进行预测。该预测过程是动态的,在项目决策阶段和项目实施阶段,根据风险监控结果的动态变化,不断更新预测结果,为风险预防和风险处置提供依据。

2) 风险预防

根据东道国的政治社会环境、企业和项目自身情况以及政治风险预测的结果选择是否进入该国市场。如果进入该国市场,则根据风险预测结果和本研究6.1.2节建立的针对不同政治风险类型的对策集,结合承包商自身实际情况,选择合适的预防对策,不断降低相应政治风险的发生概率。

3) 风险处置

风险处置工作包括以下几方面内容:

(1) 建立风险处置预案

在项目决策阶段,根据风险预测的结果和东道国政治社会环境,应用本研究6.2节建立的国际工程政治风险处置对策效果评估SD模型,针对不同的处置对策或对策组合,模拟其在不同风险情景下的生效过程,评估不同处置对策或对策组合的效果。并以此为依据建立政治风险处置预案。

(2) 启动风险处置对策

在政治风险事件发生时,启动与当前情景对应的风险处置预案。并随时在新的风险情景下应用国际工程政治风险处置对策效果评估SD模型,进行对策模拟和评估。在特定的风险情景下,找到最合适的处置对策。

(3) 提升风险处置能力

根据6.2.4节中的敏感性分析结果,对风险处置对策的生效具有重要调节作用的因素包括:项目风险应对能力、项目风险暴露、承包商谈判力系数,以及对策与东道国需求的一致性。其中,承包商在项目实施过程中可以主动提升的因素主要是项目风险应对能力、承包商谈判力系数、对策与东道国需求的一致性。因此,需要从这三个方面出发,提升承包商风险处置能力。

① 项目风险应对能力

根据风险应对能力的内容,提升项目风险应对能力主要从提升与东道国政府的关系、与东道国社会组织的关系、承包商对当地经济的贡献程度、承包商的本地化程度、承包商的国际工程与政治风险经验、承包商的项目管理水平等六个方面入手。

② 承包商谈判力系数

可以增加承包商谈判力的因素包括:本地雇员、本地管理人员、公共关系、经营多样化、技术转移、企业形象、促进当地出口、利益相关者的支持;可以增加东道国谈判力的因素包括东道国市场吸引力、东道国不可替代的产品、东道国区域竞争力、承包商的沉默成本、承包商的可替代性等。承包商需要从这些方面入手提高自身的技术含量、竞争力和多样性,从而使其在和东道国政府的博弈中更有优势。

③ 对策与东道国需求的一致性

承包商需要更加了解东道国当局(包括中央政府、地方政府和政治组织等)的现状和政治需求,不断保持和东道国当局的沟通和关注,使其能够找到更加合适高效的对策来应对东道国政治风险。

4) 风险管理总结

对风险预测的准确性、风险预防对策及风险处置对策的效果进行总结,形成风险管理报告。一方面提高承包商自身的风险管理能力;另一方面形成新的案例,加入本研究的案例库中,提高各个模型的准确度。

6.3.2 承包商的国际工程政治风险管理工作流程

将以上工作按照流程组织起来,形成承包商的国际工程政治风险管理工作流程,如图6-37所示。

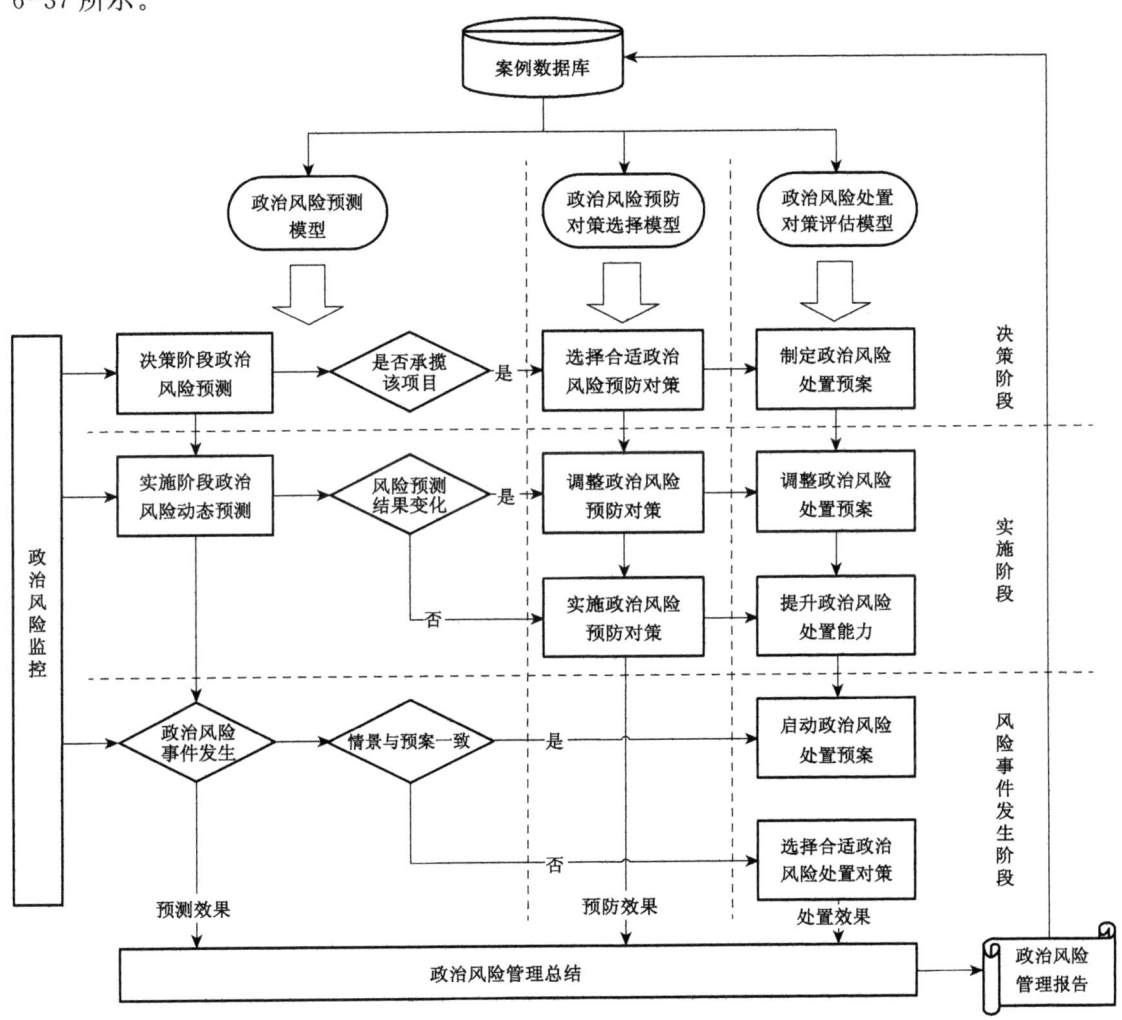

图 6-37 承包商的国际工程政治风险管理工作流程图

6.4 本章小结

本章从政治风险预防和政治风险处置两个方面研究了国际工程政治风险的对策选择问题。首先,基于第 5 章建立的国际工程政治风险智能预测模型,通过敏感性分析,确定出对风险事件发生概率贡献较大的因素。通过文献研究建立国际工程政治风险预防对策集,根据不同政治风险类型的敏感性分析结果,将政治风险预防对策和每一种政治风险类型相匹配。然后,将国际工程政治风险处置对策及其生效的过程抽象为:国际工程项目在东道国的经营环境由于东道国政府或社会原因发生变化后,承包商或其背后的母国政府为了减小这种环境变化对项目带来的损失,通过一定的措施或手段与东道国当局(中央政府、地方政府或社会组织)重新达成一致,使国际工程项目在新的环境下重新达到平衡的过程。进而建立国际工程政治风险处置对策效果评估的系统动力学模型,并应用系统仿真软件 Anylogic7 进行对策效果仿真,并进行项目风险应对能力、项目风险暴露、承包商谈判力系数、对策与东道国需求等因素的敏感性分析。最后,从承包商的国际工程政治风险管理工作内容和承包商的国际工程政治风险管理工作流程两个方面设计了面向承包商的国际工程政治风险管理机制。本章的主要结论如下:

(1) 预防法规政策变动风险的因素按照敏感性排序为,EE1、RS3、RE4、RS1、EE2、RC6、GQ5、SS1、CC1;预防行政限制与歧视风险的因素按照敏感性排序为,EE2、RC6、RE3、RE4、RE5、EE1、GQ5、CC1;预防政治暴力风险的因素按照敏感性排序为,SS1、GQ5、EP1、SS3、RC5、CC1、EE1、EE2;预防贪污腐败风险的因素按照敏感性排序为,EP1、CC1、GQ5、SS3、RC6、RE5、EE1、SS1、EE2;预防政府违约风险的因素按照敏感性排序为,EE1、RC1、RS2、RC6、RS3、GQ5、CC1;预防针对项目的抗议风险的因素按照敏感性排序为,RC2、RC1、RC6、RS2、GQ1、RS3。

(2) 国际工程政治风险处置对策效果评估 SD 模型的仿真结果表明,对策效果一开始随着对策生效概率的增长不断增长,达到峰值之后,对策生效概率的增长不能够弥补对策收益,随着时间的降低,对策效果开始降低。当对策生效概率也开始下降之后,对策效果开始迅速下降。对策生效概率和对策效果的变化均与实际情况比较相符,具有一定的现实意义。国际工程政治风险处置对策效果评估 SD 模型的敏感性分析表明,在政治风险事件发生之后,更高的项目风险应对能力与更低的项目风险暴露可以使项目有更强的弹性来抵御风险压力,给承包商更充分的时间与东道国当局达成一致,给政治风险处置对策更充分的时间发挥其效果。其中项目风险应对能力的敏感性比项目风险暴露的敏感性更高。承包商谈判力系数与对策与东道国需求的一致性主要对对策效果和对策生效概率的上升过程具有很高的敏感性。越高的承包商谈判力系数与对策与东道国需求的一致性,风险处置对策的生效更快、效果更好。

7 结论与展望

7.1 研究结论

(1) 通过详细的文献综述,对政治风险的定义、政治风险的影响因素、政治风险的评估、政治风险管理、建筑行业政治风险研究、风险评估、控制及决策等相关理论与方法等方面的研究现状进行了总结与评述。指出对于国际工程项目所面临的政治风险的研究不足主要体现在:有关建筑行业及国际工程的政治风险研究极为匮乏;没有形成完整的政治风险对于国际工程项目系统影响的预测方法,从国家、行业、企业和项目层面对于政治风险的研究未能有效整合,且未能考虑作为风险承担者——承包商的能动作用;对政治风险对策缺乏系统的研究,现有对政治风险对策的研究停留在定性分析层面,缺乏定量的系统的分析研究,缺少对不同风险情境下政治风险对策有效性的评价。

(2) 对国际工程政治的内涵进行了分析和界定。通过分析国际工程的含义、国际工程的特点,对国家风险、主权风险和政治风险进行辨析,确定了政治风险的定义。该定义包括政治风险的产生原因和政治风险的后果两个方面。即政治风险归因于:①政治事件和社会事件;②政府行为和政府的不作为;③社会组织行为。政治风险导致如下结果:①将投资者代入不确定状态的经营环境变化;②给企业的利润或其他目标带来潜影响;③不利的后果,如项目中断延误、成本增加、财产损失或人员伤害等。对国际工程政治风险的内涵进行了分析并根据文献识别出 15 种不同类型的国际工程政治风险事件,并将它们分为:东道国政府因素导致的政治风险、东道国社会因素导致的政治风险、国际关系导致的政治风险三大类。

(3) 基于风险传导理论和脆弱性理论建立了政治风险的形成框架,并基于该框架识别出了国际工程政治风险的影响因素。国际工程的政治风险的形成过程包括东道国政治系统状态、威胁、政治风险事件、政治风险后果,而国际工程项目的脆弱性可对政治风险的形成过程起到桥梁、促进或者抑制、阻断等作用。因此,国际工程政治风险的影响因素包括东道国政治系统的状态和国际工程项目脆弱性两个方面,本研究共识别出东道国母国联系、东道国政府治理水平、东道国社会政治稳定度、东道国经济环境、东道国经济表现、东道国建筑产业地位、项目的风险暴露和项目风险应对能力 8 个类别共 31 个影响因素,并通过对学术界和产业界专家进行的问卷调研,验证了该影响因素体系的合理性和科学性。

(4) 通过调研收集并分析了 301 个来自世界各地的由中国作为母国的 301 个国际工程政治风险案例。提出了国际工程政治风险形成路径的理论假设模型,以 301 个案例的数据为基础,对模型的假设关系进行了验证和修正,并建立了国际工程政治风险形成路径的最终拟合模型。调研结果表明:以中国为母国的国际工程项目特征可以大体刻画为,以中东地区经济良好、政治稳定的国家或与中国政治联系紧密的第三世界国家为目的地,以房屋建筑和基础设施建设为主要内容,以国有企业为主力军,以中国投资或援助的项目为主要项目来源。模型拟合结果表明:东道国母国关系、东道国政府治理水平以及项目风险应对能力与政治风险后果呈现出显著的负相关关系,这三者的提高可直接降低国际工程项目政治风险后果;东道国社会政治稳定度以及项目风险暴露对政治风险后果没有显著的直接影响,二者分别通过影响东道国政府治理水平和项目风险应对能力间接影响政治风险后果。

(5)将 Logistic 回归模型与贝叶斯网络相结合,建立了国际工程政治风险智能预测模型,通过 301 个样本对模型进行拟合,得到最终的预测模型。该预测模型通过 Logistic 回归模型的分析识别出与六类政治风险直接相关的变量,通过 Pearson 相关性分析识别出间接相关的变量,从而大幅减少贝叶斯网络的节点数量,简化贝叶斯网络计算复杂度。通过贝叶斯网络对六类国际工程政治风险进行预测,可以充分考虑变量对政治风险发生概率的影响以及变量之间的共变关系,从而实现动态预测,提高预测精度。建立的国际工程政治风险智能预测模型预测准确率达到 83.3%,具有较高的鲁棒性。

(6)从政治风险预防和政治风险处置两个方面研究了国际工程政治风险的对策选择问题。首先,基于已建立的国际工程政治风险智能预测模型,通过敏感性分析,确定出对风险事件发生概率贡献较大的因素。通过文献研究建立国际工程政治风险预防对策集,根据不同政治风险类型的敏感性分析结果,将政治风险预防对策和每一种政治风险类型相匹配。然后,建立国际工程政治风险处置对策效果评估的系统动力学模型,该模型可以模拟特定风险情景下,不同政治风险处置对策的生效概率和效果。应用系统仿真软件 Anylogic7 进行对策效果仿真,并进行项目风险应对能力、项目风险暴露、承包商谈判力系数、对策与东道国需求等因素的敏感性分析。最后,从承包商的国际工程政治风险管理工作内容和承包商的国际工程政治风险管理工作流程两个方面,设计了面向承包商的国际工程政治风险管理机制。

7.2 创新点

(1)提出并验证了国际工程政治风险后果的形成路径。通过广泛的案例调研,收集了 301 个以中国为母国,分布于 79 个国家 10 个地区的国际工程政治风险案例。以这些案例为样本构建的国际工程政治风险后果形成路径的结构方程模型进行拟合,最终确定了东道国母国关系、东道国政府治理水平、项目风险应对能力三者与政治风险后果之间显著的负相关关系,以及东道国母国关系、东道国政府治理水平、东道国社会政治稳定度、项目风险暴露、项目风险应对能力之间的共变关系。

(2)构建了国际工程政治风险的智能预测模型。使用 Logistic 回归模型对已收集的国际工程政治风险样本进行数据挖掘,挖掘出每种政治风险对应的最相关的影响因素,通过 Pearson 相关性分析和理论分析识别出影响因素之间的因果关系。以此为基础,构建国际工程政治风险预测的贝叶斯网络模型,并使用样本数据对贝叶斯网络模型进行训练,从而建立国际工程政治风险的智能预测模型。该模型可以分析不同因素对特定政治风险的影响趋势,同时还可以预测不同环境下,不同种类政治风险的发生概率。

(3)提出了国际工程政治风险分阶段、定量化的对策选择方法。不同于传统研究对风险对策多采用定性分析的方法,本研究针对国际工程政治风险的预防对策,首先通过敏感性分析，确定不同因素对风险事件发生概率贡献的排序；然后通过文献综述建立预防对策集，并将对策与其改变的风险因素相对应；最后将对不同种类政治风险与其预防对策进行对应，并按照对策有效性进行排序。针对国际工程政治风险的处置对策，本研究建立了国际工程政治风险处置对策效果评估 SD 模型，该模型可以针对不同的政治风险情景，对政治风险处置对策的生效概率和对策效果进行模拟和仿真，从而应用于承包商对政治风险处置预案的建立和政治风险事件发生后的处置对策选择。

7.3 研究不足与展望

（1）本研究共识别出东道国政府因素导致的政治风险、东道国社会因素导致的政治风险、国际关系导致的政治风险三大类 15 种类型的政治风险，后期又根据样本数量和风险相似性重点针对六种具体的政治风险进行研究。这六种政治风险发生频率较高，具有一定的代表性，但并不能涵盖所有种类的政治风险。在未来的研究中可针对本书未识别出的政治风险类型或本书已识别出，但是相关样本不足的政治风险种类（如反华活动、征收或没收等）进行调研和分析，探索这些政治风险种类的相关因素、预测和预防方法。

（2）本研究探索了国际工程政治风险因素与不同类型政治风险发生概率的关系，但由于条件有限，并未详细探讨不同政治风险因素导致不同种类政治风险发生的作用机理。后续研究可详细探究不同政治风险因素对政治风险发生概率产生影响的过程、原因和机理。并进一步研究不同政治风险在不同环境下的演化特征，即探究政治风险事件发生之后，是如何进一步发展和演化，甚至涌现和爆发并对工程项目产生影响的。

（3）国际工程政治风险处置对策的选择需要考虑东道国因素、母国因素、承包商因素、项目因素、政治风险特征等多个方面的众多因素，这些因素之间的关系错综复杂，对这些因素进行全面而综合的考虑，才能选择出高效适合的政治风险处置对策。本书尝试使用系统动力学方法描述这些因素之间的关系，通过对处置对策的生效过程进行仿真，构建国际工程政治风险处置对策的效果评估模型。模型虽然可以在一定程度上反应处置对策生效的过程和特征。但模型中考虑的因素并不周全，一些因素之间的关系也是基于假设。在未来研究中，可通过更大范围和更加详细的调研和计量分析，确定不同因素之间的关系，使模型能够更加准确地评估特定风险情景下，不同处置对策的效果。

参考文献

曹荣湘,2003.国家风险与主权评级:全球资本市场的评估与准入[J].经济社会体制比较(5):91-98.

陈都,陆士奇,李军根,2011.主动脉夹层院内死亡相关因素的LOGISTIC回归分析[J].中国急救医学,31(3):210-212.

陈骥,邹树梁,唐德文,等,2015.基于灰色关联度的集对分析方法在高层建筑火灾危险性评价中的应用[J].中国安全生产科学技术(5):136-141.

陈磊,黄薇,2011.基于时间序列数据的存款保险费率和资本充足率在商业银行风险评价中的一致性研究[J].管理评论,23(8):21-26.

陈平,2008.应用数理统计[M].北京:机械工业出版社.

陈志,2010.企业风险传导过程的数理分析[J].理论月刊(7):159-162.

程国平,邱映贵,2009.供应链风险传导模式研究[J].武汉理工大学学报:社会科学版,22(2):36-41.

成子娟,侯杰泰,温忠麟,2006.结构方程模型及其应用[M].北京:教育科学出版社.

崔啸,周克成,曹冬冰,等,2011.北京市商品住宅系统动力学模型构建及其在预警中的应用[J].系统工程理论与实践,31(04):672-678.

邓小鹏,LOW S P,纪沿光,2015.政治风险视域下国际工程项目系统的脆弱性研究[J].北京理工大学学报:社会科学版,17(1):78-82.

樊宏烨,2008.企业脆弱性机理研究[D].武汉:武汉理工大学.

范剑虹,2000.国际投资法导读[M].杭州:浙江大学出版社.

方耀宁,郭云飞,兰巨龙,2014.基于LOGISTIC函数的贝叶斯概率矩阵分解算法[J].电子与信息学报(3):715-720.

付玉成,2012.国际工程承包的国家风险与管理[J].国际经济合作(07):76-79.

郭德焐,2009.中国通货膨胀合理区间定位方法的探讨[J].上海金融(3):44-47.

郭鹏,文晓阁,2015.基于BP人工神经网络的BOT项目风险评估研究[J].科技管理研究,35(21):210-214.

郭玉军,1998.国际贷款法[M].武汉:武汉大学出版社.

何小飞,童晓阳,孙明蔚,2011.基于贝叶斯网络和D-S证据理论的分布式电网故障诊断[J].电力系统自动化,35(10):42-47.

侯杰泰,温忠麟,成子娟,2004.结构方程模型及其应用[M].北京:教育科学出版社.

金灿灿,王海燕,左洪福,等,2015.基于SDG和灰色聚类的系统故障风险评估方法[J].系统工程理论与实践(4):1048-1056.

金如锋,2011.病例对照设计为基础的候选基因关联研究中交互作用的统计方法进展[J].复旦学报:医学版,38(3):265-270.

李鹤,张平宇,程叶青,2008.脆弱性的概念及其评价方法[J].地理科学进展(2):18-25.

李良,戎凯,2010.基于风险网络的大型工程项目风险度量方法研究[J].数学的实践与认识,40(22):107-114.

李启明,邓小鹏,吴伟巍,等,2010.国际工程管理[M].南京:东南大学出版社.

李雪平,唐辉明,陈实,2005.基于GIS的LOGISTIC回归在区域滑坡空间预测中的应用[J].公路交通科技(S1):152-155.

李永红,赵林度,2010.基于弹性模型的供应链风险响应分析[J].系统管理学报,19(05):563-570.

林金霞,郭旭东,2006.数据挖掘中离散现象的建模[J].统计与决策(17):13-14.

刘瑞,朱道林,朱战强,等,2009.基于LOGISTIC回归模型的德州市城市建设用地扩张驱动力分析[J].资源科学,31(11):1919-1926.

刘燕,纪晓岚,2014.老年人社会参与影响因素的LOGISTIC回归分析——基于311份个案访谈数据[J].华东理工大学学报:社会科学版,29(3):98-104.

刘燕华,李秀彬,2001.脆弱生态环境与可持续发展[M].北京市:商务印书馆.

罗登跃,王春峰,房振明,等,2005.基于时间序列的上海股市系统风险、流动性风险溢价实证研究[J].系统工程,23(7):48-54.

慕春棣,戴剑彬,2000.用于数据挖掘的贝叶斯网络[J].软件学报,11(5):660-666.

穆迪,2012.金融的战争[M].合肥:安徽人民出版社.

穆素,2005.讨价还价理论及其应用[M].上海:上海财经大学出版社.

裘江南,王延章,黄磊磊,等,2011.基于贝叶斯网络的突发事件预测模型[J].系统管理学报,20(1):98-103.

邵良杉,马寒,温廷新,等,2015.遗传算法优化的GM(1,1)模型研究[J].统计与决策(4):22-24.

石友蓉,2006.风险传导机理与风险能量理论[J].武汉理工大学学报:信息与管理工程版,28(9):48-51.

石晓军,任志安,2000.项目投资风险分析方法研究:一种基于影响图的解析方法[D].徐州:中国矿业大学.

施淑蓉,李建军,2015.我国企业海外投资宏观环境风险预警研究[J].经济纵横(8):101-106.

史小康,常志勇,2015.两类有偏Logistic分布在信用评分模型中的应用[J].统计与决策(14):19-23.

司鹄,贾文梅,2014.城市公共安全风险评估指标敏感性分析[J].中国安全生产科学技术(11):71-76.

苏懋康,王浣尘,1988.系统动力学模型的灵敏度分析[J].系统工程(4):9-14.

外力·依米提,2015.基于累积Logistic回归的西部上市企业信用评级模型[J].统计与决策(3):185-188.

王春丽,胡玲,2014.基于马尔科夫区制转移模型的中国金融风险预警研究[J].金融研究(9):99-114.

王其藩,2009.系统动力学[M].上海:上海财经大学出版社.
王韧,邓超,周叶,2014.基于因子分析及灰色关联分析的寿险公司偿付能力研究——以中国人寿为例[J].系统工程(7):154-158.
王旋子,2013.中国资源型海外投资的政治风险研究[D].杭州:浙江大学.
王雪青,喻刚,王佳冰,2008.高速公路项目融资风险的动态灰色模糊评价[J].土木建筑与环境工程,30(05):81-85.
王元明,赵道致,2008.基于关键链的项目工期风险断链式控制研究[J].西安电子科技大学学报:社会科学版,18(3):42-47.
西宝,李一军,2002.工程项目风险链管理及鞭梢效应[J].哈尔滨建筑大学学报,35(4):112-116.
夏喆,2007.企业风险传导的机理与评价研究[D].武汉:武汉理工大学.
肖利民,2006.国际工程承包风险预警系统的构建[J].哈尔滨工业大学学报,38(12):2129-2131.
邢厚媛,2006.带资承包及BOT发展走势——中国企业开展带资承包面临的问题及对策[J].施工企业管理(6):8-9.
邢林博,2014.中国企业海外投资政治风险测评及其应对策略[D].上海:上海外国语大学.
谢赤,赵亦军,李为章,2014.基于CFAR模型与Logistic回归的财务困境预警研究[J].财经理论与实践,35(1):57-62.
薛薇,2011.统计分析与SPSS的应用[M].北京:中国人民大学出版社.
杨潮兴,张志峰,2011.基于概率影响图的R&D项目风险传导评估模型[J].中国安全科学学报,21(1):118-123.
杨志雄,袁岱菁,2011.非线性混合效应模型和广义线性模型拟合随机效应Logistic回归的应用比较[J].中国卫生统计(3):321-323.
殷剑峰,2015.通货紧缩的成因与应对[J].中国金融(6):72-75.
余劲松,2007.国际投资法(第3版)[M].北京:法律出版社.
袁竞峰,2009.基于VFM的PPP项目绩效管理[D].南京:东南大学.
乐云,2004.国际工程项目管理的前沿研究方向[J].建设监理(6):78-80.
张宏亮,李鹏,2007.PFI项目特点对项目风险事件和脆弱性的影响[J].管理工程学报,21(1):102-109.
张连营,杜京京,2011.国际工程承包合同条件风险管理机制对比分析[J].国际经济合作(06):49-51.
张明,2014.中国海外投资国家风险评级报告[M].北京:中国社会科学出版社.
张水波,何伯森,2003.工程项目合同双方风险分担问题的探讨[J].天津大学学报(社会科学版),5(3):257-261.
张友棠,刘思贤,张霞,2011.高速公路融资风险传导机理与控制路径研究[J].中国集体经济(24):105-106.
赵林度,2009.基于细胞弹性模型的供应链弹性分析[J].物流技术,28(1):101-104.
赵新娥,2010.项目投资风险传导及柔性管理研究[J].武汉理工大学学报:信息与管理工程版,32(2):315-319.

钟志勇,2005. 跨国银行总行与海外分行法律关系论[M]. 北京：中国方正出版社.

Abdellatif A M. Good governance and its relationship to democracy and economic development[C]//Global Forum III on Fighting Corruption and Safeguarding Integrity, Seoul. 2003, 20: 31.

Adger W N, 2003. Building resilience to promote sustainability[J]. *Ihdp Update*, 2: 1-3.

Agarwal J, Blockley D I, 2007. Structural integrity: hazard, vulnerability and risk[J]. *International Journal of Materials and Structural Integrity*, 1(1): 117-127.

Agarwal J, Feils D, 2007. Political risk and the internationalization of firms: an empirical study of Canadian-based export and fdi firms[J]. *Canadian Journal of Administrative Sciences*, 24(24): 165-181.

Agliardi E, Agliardi R, Pinar M, et al., 2012. A new country risk index for emerging markets: a stochastic dominance approach[J]. *Journal of Empirical Finance*, 19(5): 741-761.

Ahiaga-Dagbui D D, Smith S D, 2014. Rethinking construction cost overruns: cognition, learning and estimation [J]. *Journal of Financial Management of Property & Construction*, 19(19):38-54.

Alesina A, Perotti R, 1995. Income distribution, political instability, and investment[J]. *European Economic Review*, 40(22): 1203-1228.

Aliber, R Z, 1975. Exchange risk, political risk, and investor demand for external currency deposits[J]. *Journal of Money Credit & Banking*, 7(2): 161-179.

Alon I, Martin M A, 1998. A normative model of macro political risk assessment[J]. *Multinational Business Review*, 6(2):10.

Alon I, Herbert T T, 2009. A stranger in a strange land: micro political risk and the multinational firm[J]. *Business Horizons*, 52(2): 127-137.

Ashley D B, Bonner J J, 1987. Political risks in international construction[J]. *Journal of Construction Engineering & Management*, 113(3): 447-467.

Baloi D, Price A D F, 2003. Modelling global risk factors affecting construction cost performance[J]. *International Journal of Project Management*, 21(4): 261-269.

Belcsak H P, 1987. A treasurer's guide to country risk[J]. *Cashflow*, Atlanta, 8(9): 40-43.

Bharathy G K, Silverman B, 2012. Applications of social systems modeling to political risk management[M]. *Handbook on Decision Making*, Springer, 331-371.

Bing L, Tiong R L, Fan W W, et al., 1999. Risk management in international construction joint ventures[J]. *Journal of Construction Engineering & Management*, 125(5): 277-284.

Birch D G W, Mcevoy N A, 1992. Risk analysis for information systems[J]. *Journal of Information Technology*(1): 681-688.

Bjelland R A, 2012. Assessing key political risk indicators for authoritarian states: the case of Libya and the petroleum industry[D]. Stellenbosch: stellenbosch university.

Block W, 1998. Environmentalism and economic freedom: the case for private property rights[J]. *Journal of Business Ethics*, 17(16): 1887-1899.

Bohacik J, Davis D N, 2013. Fuzzy rule-based system applied to risk estimation of cardiovascular patients[J]. *Journal of Multiple-Valued Logic & Soft Computing* (20): 445-466.

Braga-Alves M V, Morey M, 2012. Predicting corporate governance in emerging markets [J]. *Journal of International Money & Finance*, 31(6): 1414-1439.

Brink C H, 2004. *Measuring Political Risk: Risks to Foreign Investment*[M]. Ashgate Publishing, Ltd..

Brookfield D, Boussabaine H, 2009. A complexity-based framework of financial risk assessment in large-scale projects[J]. *Risk Management*, 11(1): 44-65.

Buckley P J, Forsans N, Munjal S, 2012. Host-home country linkages and host-home country specific advantages as determinants of foreign acquisitions by Indian firms[J]. *International Business Review*, 21(5): 878-890.

Butkiewicz J L, Yanikkaya H, 2005. The impact of sociopolitical instability on economic growth: Analysis and implications[J]. *Journal of Policy Modeling*, 27(5): 629-645.

Cantor R, Packer F, 1996. Determinants and impact of sovereign credit ratings[J]. *Journal of Fixed Income*, 1(October): 37-53.

Caron F, Vanthienen J, Baesens B, 2012. A Comprehensive Framework for the Application of Process Mining in Risk Management and Compliance Checking[J]. *Ssrn Electronic Journal*, 5(6): 100-135.

Chang V Y, Tsai J T, 2014. Quantile Regression Analysis of Corporate Liquidity: Evidence from the U.S. Property-Liability Insurance Industry[J]. *Geneva Papers on Risk and Insurance-Issues and Practice*, 39(1): 77-89.

Chao F, Marle F, 2012. A simulation-based risk network model for decision support in project risk management[J]. *Decision Support Systems*, 52(3): 635-644.

Chen C, Zhang G, Tarefder R, et al., 2015. A multinomial logit model-Bayesian network hybrid approach for driver injury severity analyses in rear-end crashes[J]. *Accident Analysis & Prevention*, 80: 76-88.

Chen W, Xiang G, Liu Y, et al., 2012. Credit risk Evaluation by hybrid data mining technique[J]. *Systems Engineering Procedia*, 3: 194-200.

Cheng T, Wang Y, Sun Y, 2012. Development and application of tender evaluation decision-making and risk early warning system for water projects based on KDD[J]. *Advances in Engineering Software*, 48(1): 58-69.

Claessens S, Embrechts G C M W, 2003. Basel II, sovereign ratings and transfer risk external versus internal ratings[J]. *Ssrn Electronic Journal*, 1-33.

Conway J E, 2013. The risk is in the relationship (not the country): Political risk management in the uranium industry in Kazakhstan[J]. *Energy Policy*, 56 (2):

201-209.

Crichton D, 1999. The risk triangle[J]. *Natural Disaster Management*, 102-103.

Cukierman A, Edwards S, Tabellini G, 1992. Seigniorage and Political Instability[J]. *American Economic Review*, 82(3): 537-555.

Cutter S L, 1993. *Living with risk: the geography of technological hazards* [M]. Edward Arnold, London.

Deng X P, Low S P, 2013. Understanding the critical variables affecting the level of political risks in international construction projects[J]. *KSCE Journal of Civil Engineering*, 17(17): 895-907.

Deng X P, Low S P, Li Q M, et al., 2014. Developing competitive advantages in political risk management for international construction enterprises[J]. *Journal of Construction Engineering and Management*, 140(9): 4014040.

Deng X P, Low S P, 2015. Exploring critical variables that affect political risk level in international construction projects: case study from Chinese contractors[J]. *Journal of Professional Issues in Engineering Education & Practice*, 140(1): 282-290.

Deng X P, Low S P, Zhao X B, 2014. Project system vulnerability to political risks iniInternational construction projects: the case of Chinese contractors[J]. *Project Management Journal*, 45(2): 20-33.

Dialsingh I, 2014. Risk assessment and decision analysis with Bayesian networks[J]. *Journal of Applied Statistics*, 41(4): 910.

Dikmen I, Birgonul M T, Gur A K, 2007. A case-based decision support tool for bid mark-up estimation of international construction projects [J]. *Automation in Construction*, 17(1): 30-44.

Dunning J H, 2006. Comment on dragon multinationals: new players in 21century globalization[J]. *Engineering Mechanics*, 23(2): 139-141.

Escaleras M, Thomakos D D, 2008. Exchange Rate Uncertainty, Sociopolitical Instability and Private Investment: Empirical Evidence from Latin America [J]. *Review of Development Economics*, 12(2): 372-385.

Fayyad U, Piatetsky-Shapiro G, Smyth P, 1996. From data mining to knowledge discovery in databases[J]. *AI magazine*, 17(3): 37.

Fayyad U, Piatetsky-Shapiro G, Smyth P, 1996. The KDD process for extracting useful knowledge from volumes of data[J]. *Communications of the Acm*, 39(11): 27-34.

Fitzpatrick M, 1983. The definition and assessment of political risk in international business: A review of the literature[J]. *Academy of Management Review*, 8(2): 249-254.

Finch E, 2009. Flexibility as a design aspiration: the facilities management perspective [J]. *Ambiente Construido* (2): 7-15.

Flandreau M, Gaillard N, Packer F, 2011. To err is human: US rating agencies and the interwar foreign government debt crisis[J]. *European Review of Economic History*, 15

(3): 495-538.

Gabor D, Kudrna Z, 2013. The return of political risk: foreign-owned banks in Eastern Europe[J]. *Europe Asia Studies*, 65(3): 548-566.

Gaillard N F, 2012. *Moody's, and S&P Sovereign Ratings and EMBI Global Spreads: Lessons from 1993-2007*[M]. Springer, New York, 149-170.

Ghemawat P, 2001. Distance still matters. The hard reality of global expansion. [J]. *Harvard Business Review*, 79(8): 763-784.

Ghemawat P, Collis D, 2001. Mapping the business landscape[J]. *The Portable MBA in Strategy*, 171-188.

Gilberto G A, Galindo R, de León J, 2003. Hurwitz Stability Conditions for a LTI System: A Bond Graph Approach[C]//9th IEEE Inter. Conf. on Methods and Models in Automation and Robotics(MMAR), 443-448.

Globerman S, Shapiro D, 2009. Economic and strategic considerations surrounding Chinese FDI in the United States[J]. *Asia Pacific Journal of Management*, 26(26): 163-183.

Goedert J D, Sekpe V D, 2013. Decision support system-enhanced scheduling in matrix organizations using the analytic hierarchy process [J]. *Journal of Construction Engineering & Management*, 139(11): 1933-1951.

Grossman G M, Helpman E, 1996. Electoral Competition and Special Interest Politics. [J]. *Review of Economic Studies*, 63(2): 265-286.

Hadjikhani A, 2006. The competitive behaviour of MNCs in the socio-political market[J]. *International Journal of Business Environment*(1): 24-50.

Haimes Y Y, 2009. On the definition of resilience in systems[J]. *Risk Analysis*, 29(4): 498-501.

Hainz C, Kleimeier S, 2012. Political risk, project finance, and the participation of development banks in syndicated lending[J]. *Journal of Financial Intermediation*, 21(2): 287-314.

Hair J F, Black W C, Babin B J, et al., 2006. *Multivariate data analysis*[M]. Pearson Prentice Hall Upper Saddle River, NJ.

Han S H, Du Y K, Kim H, et al., 2008. A web-based integrated system for international project risk management[J]. *Automation in Construction*, 17(3): 342-356.

Haner F T, 1979. Rating investment risks abroad[J]. *Business Horizons*, 2(2): 18-23.

Heckerman D, 1997. Bayesian Networks for Data Mining[J]. *Data Mining & Knowledge Discovery*, 1(1): 79-119.

Henisz W J, 2000. The institutional environment for multinational investment[J]. *Journal of Law Economics & Organization*, 16(16): 334-364.

Henisz W J, Zelner B A, 2003. Political risk management: a strategic perspective[R]. International Political Risk Management: The Brave New World. T. Moran. Washington, DC, The World Bank Group.

Herrero Á, Corchado E, Jiménez A, 2011. Unsupervised neural models for country and political risk analysis[J]. *Expert Systems with Applications*, 38(11): 13641-13661.

Hopkins A, 2011. Risk-management and rule-compliance: Decision-making in hazardous industries[J]. *Safety Science*, 49(2): 110-120.

Howell L D, 1998. *The Handbook of Country and Political Risk Analysis*[M]. PRS Group.

Howell L D, Chaddick B, 1994. Models of political risk for foreign investment and trade: an assessment of three approaches[J]. *Columbia Journal of World Business*, 29(3): 70-91.

Hillman A J, Hitt M A, 1999. Corporate political strategy formulation: a model of approach, participation, and strategy decisions[J]. *Academy of Management Review*, 24(4): 825-842.

Hu S, Papageorgiou N S, 2013. *Handbook of multivalued analysis: Volume II: Applications*[M]. Springer, Science & Business Media.

Iankova E, Katz J, 2003. Strategies for political risk mediation by international firms in transition economies: the case of Bulgaria[J]. *Journal of World Business*, 38(3): 182-203.

Iftinchi V, Hurduzeu G, 2016. The place of political risk insurance in the political risk management strategy of multinational corporations[J]. *Romanian Economic Journal*, 19(60): 201-212.

Jakobsen J, 2010. Old problems remain, new ones crop up: Political risk in the 21 st century[J]. *Business Horizons*, 53(5): 481-490.

Jiménez A, 2011. Political Risk as a Determinant of Southern European FDI in Neighboring Developing Countries[J]. *Emerging Markets Finance & Trade*, 47(4): 59-74.

Jiménez A, Delgado-García J B, 2012. Proactive management of political risk and corporate performance: The case of Spanish multinational enterprises[J]. *International Business Review*, 21(6): 1029-1040.

Johanson J, Vahlne J E, 2009. The Uppsala internationalization process model revisited: from liability of foreignness to liability of outsidership[J]. *Journal of International Business Studies*, 40(9): 1411-1431.

Jöreskog K G, 1969. A general approach to confirmatory maximum likelihood factor analysis[J]. *Psychometrika*, 34(2): 183-202.

Jose D L T, Neckar D H, 1988. Forecasting political risks for international operations[J]. *International Journal of Forecasting*, 4(2): 221-241.

Kaufmann D, Mastruzzi M, 2004. Governance Matters III: Governance Indicators for 1996, 1998, 2000, and 2002[J]. *World Bank Economic Review*, 18(2): 253-287.

Keillor B D, Hauser W, Dannemiller C K, 2009. The "5th p" in marketing: corporate political activity and firm performance(an exploratory study of US firms in the global marketplace)[J]. *Innovative Marketing*, 5(3): 75-83.

Kennedy C R, 1988. Political risk management: a portfolio planning model[J]. *Business Horizons*, 31(6): 26-33.

Kesternich I, Schnitzer M, 2010. Who is afraid of political risk? multinational firms and their choice of capital structure[J]. *Journal of International Economics*, 82(2): 208-218.

Khattab A A, Anchor J, Davies E, 2007. Managerial perceptions of political risk in international projects[J]. *International Journal of Project Management*, 25(7): 734-743.

Khattab A A, Anchor J R, Davies E M M, 2008. Managerial Practices of Political Risk Assessment in Jordanian International Business[J]. *Risk Management*, 10(2): 135-152.

Kobrin S J, 1982. *Managing Political Risk Assessment: Strategic Response to Environmental Change*[M]. Univ. of California Press.

Lai C, Chen X, Chen X, et al., 2015. A fuzzy comprehensive evaluation model for flood risk based on the combination weight of game theory[J]. *Natural Hazards*, 77(2): 1243-1259.

Lappenschaar M, Hommersom A, Lucas P J F, et al., 2013. Multilevel Bayesian networks for the analysis of hierarchical health care data[J]. *Artificial Intelligence in Medicine*, 57(3): 171-183.

Levinsohn A, 2002. New geopolitics spotlights political risk management[J]. *Strategic Finance*, 83(7): 38.

Leu S S, Chang C M, 2015. Bayesian-network-based fall risk evaluation of steel construction projects by fault tree transformation[J]. *Journal of Civil Engineering & Management*, 21(3): 334-342.

Levinsohn A, 2002. Stock option accounting as a political bellwether[J]. *Strategic Finance*, 84(4): 63.

Levit J K, 2004. The dynamics of international trade finance regulation: the arrangement on officially supported export credit[J]. *Harvard International Law Journal*, 45: 65-182.

Li H, Jin Z, Li V, et al., 2013. An entry mode decision-making model for the international expansion of construction enterprises[J]. *Engineering, Construction and Architectural Management*, 20(2): 160-180.

Li Y, Wang T, Song X, et al., 2015. Optimal resource allocation for anti-terrorism in protecting overpass bridge based on AHP risk assessment model[J]. *Ksce Journal of Civil Engineering*, 20(1): 1-14.

Ling F YY, Hoang V T P, 2009. Political, economic, and legal risks faced in international projects: case study of Vietnam[J]. *Journal of Professional Issues in Engineering Education and Practice*, 136(3): 156-164.

Liu J, Zhao X, Yan P, 2016. Risk Paths in International Construction Projects: Case

Study from Chinese Contractors[J]. *Journal of Construction Engineering & Management*, 142(6): 05016002.

Lohrke F T, Simpson G W, Hunt D M, 2013. Extending the bargaining power model[J]. *Emerald Group Publishing*, 13(2): 153-171.

López-Duarte C, Vidal-Suárez M M, 2013. Cultural distance and the choice between wholly owned subsidiaries and joint ventures[J]. *Journal of Business Research*, 66(11): 2252-2261.

Lu Y, Li Q M, Xiao W, 2013. Case-based reasoning for automated safety risk analysis on subway operation: Case representation and retrieval[J]. *Safety Science*, 57(8): 75-81.

Luthans F, Doh J P, 2003. *International Management: Culture, Strategy, and Behavior*[M]. McGraw-Hill/Irwin, 76.

Maekelburger B, Kabst R, 2012. Asset specificity and foreign market entry mode choice of small and medium-sized enterprises: The moderating influence of knowledge safeguards and institutional safeguards[J]. *Journal of International Business Studies*, 43(5): 458-476.

Mclaughlin P, Dietz T, 2008. Structure, agency and environment: Toward an integrated perspective on vulnerability[J]. *Global Environmental Change-Human and Policy Dimensions*, 18(1): 99-111.

Mckelvey B, Andriani P, 2010. Avoiding extreme risk before it occurs: a complexity science approach toward incubation[J]. *Risk Management*, 12(1): 54-82.

Meldrum D H, 1999. Country risk and a quick look at Latin America: How to analyze exchange risk, economic policy risk and institutional risk[J]. *Business Economics*, 34(3): 30-38.

Méon P G, Weill L, 2005. Does better governance foster efficiency? An aggregate frontier analysis[J]. *Economics of Governance*, 6(6): 75-90.

Messenguy F, Vierendeels F, Piérard A, et al., 1983. The Definition and Assessment of Political Risk in International Business: A Review of the Literature[J]. *Journal of International Economics*, 8(2): 249-254.

Millstein S G, Halpern-Felsher B L, 2002. Perceptions of risk and vulnerability[J]. *Journal of Adolescent Health*, 31(1): 10-27.

Minor J, 2003. Mapping the new political risk[J]. *Risk Management*, 50(3): 16.

Mohamed L Y, 2012. Political Risk Allocation in Egyptian PPP Projects[Z]. available at: https://works.bepress.com/yousef_alamly/1/.

Mortanges C P D, Allers V, 1996. Political risk assessment: theory and the experience of Dutch firms[J]. *International Business Review*, 5: 303-318.

Nagy P, 1978. Quantifying country risk-system developed by economists at the bank-of-Montreal.[J]. *Columbia Journal of World Business*, 13(3): 135-147.

Nawaz M S, Hood J, 2005. Managing international business risk-political, cultural and ethical dimensions: a case study approach[J]. *Journal of Insurance Research and*

Practice, 20(1): 16-24.

Nur-Tegin K, Czap H J, 2012. Corruption: Democracy, Autocracy, and Political Stability [J]. *Economic Analysis & Policy*, 42(1): 51-66.

Oetzel J, 2005. Smaller may be beautiful but is it more risky? assessing and managing political and economic risk in Costa Rica[J]. *International Business Review*, 14(6): 765-790.

Olukemi W A, Julius O S, Oyekunle O L, et al., 2014. *Political Risk Factors Influencing Export of Construction Services into African Markets: A Preliminary Survey*[C]. 3rd Construction Management Conference. Port Elizabeth, South Africa, December, 2014.

Ozcan G N, Dikmen I, Birgonul M T, 2011. Assessment of risk paths in construction projects[J]. *International Journal of Project Organisation & Management*, 3(3/4): 316-334.

Ozorhon B, Arditi D, Dikmen I, et al., 2010. Performance of international joint ventures in construction[J]. *Journal of Management in Engineering*, 26(4): 1411-1421.

Power P J, 1996. Sovereign Debt: The Rise of the Secondary Market and Its Implications for Future Restructurings[J]. *Fordham Law Review*, 64(6): 2701-2772.

Prasad K D, Namrata S, Chethan H, 2012. Evaluation of political and regulatory risks in the oil industry[J]. *Open Business Journal*, 5(1): 28-36.

Putte A V D, Gates D F, Holder A K, 2012. Political risk insurance as an instrument to reduce oil and gas investment risk and manage investment returns[J]. *Journal of World Energy Law & Business*, 5(4): 284-301.

Quer D, Claver E, Rienda L, 2012. Political risk, cultural distance, and outward foreign direct investment: empirical evidence from large Chinese firms[J]. *Asia Pacific Journal of Management*, 29(4): 1089-1104.

Ramamurti R, 2001. The obsolescing 'bargaining model'? MNC-host developing country relations revisited[J]. *Journal of International Business Studies*, 32(1): 23-39.

Rich G, Mahmoud E, 1990. Political risk forecasting by Canadian firms[J]. *International Journal of Forecasting*, 6(1): 89-102.

Ring P S, Bigley G A, Aunno T D, et al., 2005. Perspectives on how governments matter [J]. *Academy of Management Review*, 30(2): 308-320.

Rios-Morales R, Gamberger D, šmuc T, et al., 2009. Innovative methods in assessing political risk for business internationalization[J]. *Research in International Business and Finance*, 23(2): 144-156.

Robock S H, 1983. *International Business and Multinational Enterprises* [J]. Thunderbird International Business Review, 15(3):5-6.

Root F R, 1972. Analyzing political risks in international business[J]. *The Multinational Enterprise in Transition*, 345-365.

Schmid-Schönbein G W, Sung K L, Tözeren H, et al., 1981. Passive mechanical properties of human leukocytes[J]. *Biophysical Journal*, 36(1): 243-256.

Shan M, Chan A P C, Le Y, et al., 2015. Measuring corruption in public construction projects in China[J]. *Journal of Professional Issues in Engineering Education & Practice*, 141(4): 05015001.

Sheffi Y, 2013. The resilient enterprise: overcoming vulnerability for competitive advantage[J]. *Mit Press Books*, 1(1): 41-48.

Shawtah F, 2013. Are international companies conducting applicable political risk analysis?[J]. *European Journal of Business & Management*, 5(29): 26-29.

Simon J D, 1982. Political risk assessment: past trends and future prospects[J]. *Columbia Journal of World Business*, 17(3): 62-71.

Simon J D, 1984. A Theoretical perspective on political risk[J]. *Journal of International Business Studies*, 15(3): 123-143.

Slangen A H L, Tulder R J M V, 2009. Cultural distance, political risk, or governance quality? Towards a more accurate conceptualization and measurement of external uncertainty in foreign entry mode research[J]. *International Business Review*, 18(3): 276-291.

Sottilotta C E, 2015. Political Risk Assessment and the Arab Spring: What Can We Learn?[J]. *Thunderbird International Business Review*, 57(5): 379-390.

Sousa R L, Einstein HH, 2011. Risk analysis during tunnel construction using Bayesian Networks: Porto Metro case study[J]. *Tunnelling & Underground Space Technology*, 27(1): 86-100.

Smit B, Wandel J, 2006. Adaptation, adaptive capacity and vulnerability[J]. *Global Environmental Change-Human and Policy Dimensions*, 16(3): 282-292.

Smith N J, Gannon M, 2008. Political risk in light rail transit PPP projects[J]. *Management Procurement & Law*, 161(4):179-185.

Sottilotta C E, 2015. Political risk assessment and the Arab Spring: what can we learn? [J]. *Thunderbird International Business Review*, 57(5): 379-390.

Sun Z, Zhang J, Zhang Q, et al., 2014. Integrated risk zoning of drought and waterlogging disasters based on fuzzy comprehensive evaluation in Anhui Province, China[J]. *Natural Hazards*, 71(3): 1639-1657.

Tayeb M T, 2002. Genetic risk factors influencing the development of prostate cancer in patients with benign prostatic hyperplasia[D]. University of Aberdeen.

Turner B L, Matson R E, P A, et al., 2003. A framework for vulnerability analysis insustainability science[J]. *The National Academy of Sciences*, 100(14): 8074-8079.

Turner J R, 2006. Towards a theory of project management: the nature of the project governance and project management[J]. *International Journal of Project Management*, 24(2): 93-95.

VanWyk J, 2010. Political sources of international business risk: an interdisciplinary framework[J]. *Journal of International Business Research*, 9(1):103.

Voelker C, Permana A, Sachs T, et al., 2013. Political risk perception in Indonesian power projects[J]. *Journal of Financial Management of Property & Construction*, 13(1): 18-34.

Vogel C, Moser S C, Kasperson R E, et al., 2007. Linking vulnerability, adaptation, and resilience science to practice: Pathways, players, and partnerships[J]. *Global Environmental Change*, 17(3-4): 349-364.

Wang S Q, Tiong R L K, Seng K T, et al., 2015. Political risks: analysis of key contract clauses in China's BOT project[J]. *Journal of Construction Engineering & Management*, 125(3): 190-197.

Wang S Q, Tiong R L K, Ting S K, et al., 2000. Foreign exchange and revenue risks: Analysis of key contract clauses in China's BOT project[J]. *Construction Management & Economics*, 18(3): 311-320.

Yin T C S, 2003. How Singapore Companies inAsean Manage Political Risk[J]. *Seoul Journal of Economics*, 16(1): 23-58.

Zhao X B, Singhaputtangkul N, 2016. Effects of Firm Characteristics on Enterprise Risk Management: Case Study of Chinese Construction Firms Operating in Singapore[J]. *Journal of Management in Engineering*, 32(4): 5016008.

Zhang W, Alon I, 2010. *A Guide to the Top 100 Companies in China*[M]. World Scientific, 1-39.

Zhang H, 2007. A redefinition of the project risk process: Using vulnerability to open up the event-consequence link[J]. *International Journal of project Management*, 25(7): 694-701.

Zhang J, Zhou C, Ebbers H, 2011. Completion of Chinese overseas acquisitions: institutional perspectives and evidence[J]. *International Business Review*, 20(2): 226-238.

Zhuang L, Ritchie R, Zhang Q, 1998. Managing business risks in China[J]. *Long Range Planning*, 31(4): 606-614.

Zsidisin G A, Gary P D, Ragatz L, et al., 2003. Effective practices in business continuity planning for purchasing and supply management[J]. *East Lansing*. 52(3): 211-222.

附 录

附录 A 国际工程项目政治风险影响因素调查问卷

尊敬的女士/先生：

您好，感谢您在百忙之中抽出时间来填写我们的调查问卷！

本问卷调查是基于国家自然科学基金项目"国际工程中政治风险的集成度量及智能决策研究"的学术性调查，以不记名方式进行，问卷答案没有对错之分，根据自己的实际情况填写即可。本调查的目的在于了解国际工程政治风险影响因素中各个因素对国际工程政治风险影响的重要程度。诚恳期待您能拨冗填写，对于您的配合和支持，我们不胜感激。

我们向您保证有关调查资料只用于学术研究，并且绝对不会透露任何个人信息。

敬祝

身体健康，工作顺利！

东南大学建设与房地产研究所

说明：

在本课题研究中，政治风险的含义体现在如下两个方面：

- <u>原因</u> 政治风险的起因可以被归因于：(1)政治事件(例如革命、国家政变、内战)和社会事件(例如恐怖活动、暴动、叛乱)；(2)政府活动(例如征收/国有化、贪污腐败、法律法规和政策方针以及限制条件的改变)和政府的无作为(例如缺乏对知识产权的保护)；(3)群体性事件(例如工会组织的谈判和罢工、环境保护分子的游行示威)。

- <u>结果</u> 政治风险将带来以下后果：(1)由于经营环境的改变导致国际承包商面临不确定的因素影响；(2)对承包商的盈利或者其他目标有潜在影响；(3)对工程项目产生非预期的后果，如停工、延期、成本增加、设施的损坏以及给雇员带来安全问题。

本研究的研究成果将有助于中国承包商在国际工程项目合同签订前后和项目的进行过程中对该项目可能面临的政治风险进行中期到短期的风险预测和风险应对。为中国的承包商开展国际工程业务时应对政治风险提供理论支持和决策参考。

本问卷共列出8个方面31个可能反映国际工程项目政治风险影响因素的指标，请根据您的经验和判断，选择各个指标对国际工程项目政治风险影响因素的重要性程度。该问卷使用5分制打分法。

其中5分制含义：对上一级指标的重要性程度，

1—非常不重要；2—不重要；3——般重要；4—较重要；5—非常重要。

请在方框内打"√"即可,均为单选题。

类别		编号	因素	重要性				
				1	2	3	4	5
东道国政治系统状态	东道国母国关系	RS1	文化距离	□	□	□	□	□
		RS2	政治联系	□	□	□	□	□
		RS3	经贸联系	□	□	□	□	□
	东道国政府治理水平	GQ1	民主程度	□	□	□	□	□
		GQ2	行政效能	□	□	□	□	□
		GQ3	监管质量	□	□	□	□	□
		GQ4	法治程度	□	□	□	□	□
		GQ5	腐败控制度	□	□	□	□	□
	东道国社会政治稳定度	SS1	政治稳定性	□	□	□	□	□
		SS2	宗教、民族关系	□	□	□	□	□
		SS3	种族主义	□	□	□	□	□
	东道国经济环境	EE1	经济自由度	□	□	□	□	□
		EE2	贸易促进指数	□	□	□	□	□
		EE3	信用评级	□	□	□	□	□
	东道国经济表现	EP1	GDP 增长	□	□	□	□	□
		EP2	通货膨胀	□	□	□	□	□
		EP3	汇率波动	□	□	□	□	□
	东道国建筑产业地位	CC1	建筑产业成熟度	□	□	□	□	□
		CC2	建筑业与国民经济目标一致性	□	□	□	□	□
国际工程项目的脆弱度	项目风险暴露	RE1	东道国对项目的需求度	□	□	□	□	□
		RE2	公众对项目的态度	□	□	□	□	□
		RE3	项目的技术、管理复杂度	□	□	□	□	□
		RE4	有利的合同条件	□	□	□	□	□
		RE5	项目大小	□	□	□	□	□
		RE6	项目持续时间	□	□	□	□	□
	项目风险应对能力	RC1	承包商与东道国政府的关系	□	□	□	□	□
		RC2	承包商与东道国社会组织的关系	□	□	□	□	□
		RC3	承包商对当地经济的贡献程度	□	□	□	□	□
		RC4	承包商的本地化程度	□	□	□	□	□
		RC5	承包商的国际工程与政治风险经验	□	□	□	□	□
		RC6	承包商的项目管理水平	□	□	□	□	□

附录 B　国际工程项目政治风险案例调查问卷

> **尊敬的女士/先生：**
>
> 您好，感谢您在百忙之中抽出时间来填写我们的调查问卷！
>
> 本问卷调查是基于国家自然科学基金项目"国际工程中政治风险的集成度量及智能决策研究"的学术性调查，以不记名方式进行，本调查的目的在于调查和收集国际工程中政治风险的案例，每个问卷针对一个国际工程项目，请您根据自己的实际经历过的项目情况填写即可。如果您参与过多个国际工程项目，可填写多张问卷。
>
> 诚恳期待您能拨冗填写，对于您耐心回答完的问卷信息我们将认真处理，我们将与您分享此次问卷的调查分析结果。
>
> 我们向您保证有关调查资料只用于学术研究，并且绝对不会透露任何个人和项目的信息。
>
> 谢谢您的参与！
>
> 敬祝
>
> 身体健康、工作顺利！
>
> 东南大学建设与房地产研究所

课题简介：

在本课题研究中，政治风险的含义体现在如下两个方面：

- <u>原因</u>　政治风险的起因可以被归因于：(1)政治事件（例如革命、国家政变、内战）和社会事件（例如恐怖活动、暴动、叛乱）；(2)政府活动（例如征收/国有化、贪污腐败、法律法规和政策方针以及限制条件的改变）和政府的无作为（例如缺乏对知识产权的保护）；(3)群体性事件（例如工会组织的谈判和罢工、环境保护分子的游行示威）。
- <u>结果</u>　政治风险将带来以下后果：(1)由于经营环境的改变导致国际承包商面临不确定的因素影响；(2)对承包商的盈利或者其他目标有潜在影响；(3)对工程项目产生非预期的后果，如停工、延期、成本增加、设施的损坏以及给雇员带来安全问题。

本研究的研究成果将有助于中国承包商在国际工程项目合同签订前后和项目的进行过程中对该项目可能面临的政治风险进行中期到短期的风险预测和风险应对。为中国的承包商开展国际工程业务时应对政治风险提供理论支持和决策参考。

为了感谢您对本研究所作出的贡献，本研究的研究成果将与您共享！

一、项目概况

1.1　您参加了的国际工程项目名称为：(如涉及保密，可不填)_____。

1.2　该项目所在国家和地区为_____。

1.3　承包商情况

　　1. 您参加该项目时所在的公司为(如涉及保密，可不填)_____。

　　2. 您参加该项目时所在的公司在该项目中扮演的角色是(可多选)

- ☐ SPV　　　　　☐ 总承包商　　　☐ 专业分包商　　☐ 劳务分包商
- ☐ 供应商　　　　　　　　　　　☐ 与当地公司组成的联合体
- ☐ 与其他公司组成的联合体　　　☐ 其他_____

3. 公司性质（单选）
   - ☐ 国有企业　　　　　　　　　　☐ 民营企业
   - ☐ 股份制企业，国资控股　　　　☐ 股份制企业，民营控股
   - ☐ 三资企业（中外合作企业、中外合资企业、外商独资企业）

4. 公司国际化程度（可多选）
   - ☐ 海外上市　　　　　　　　　　☐ 在当地设立子公司/分支机构
   - ☐ 公司进入国际市场十年以上　　☐ 有大量外籍员工
   - ☐ 与外国企业有良好的合作关系

5. 以什么名义承接工程（单选）
   - ☐ 总公司　　　　　　　　　　　☐ 当地子/分公司
   - ☐ 当地分支机构　　　　　　　　☐ 与当地企业组成联合体

6. 承包商与项目所在国政府关系（单选）
   - ☐ 合作伙伴　　☐ 良好　　　☐ 一般　　　☐ 不良
   - ☐ 有纠纷

7. 承包商与项目所在国社会组织（主要包括工会、行业协会、激进组织等）关系（单选）
   - ☐ 合作伙伴　　☐ 良好　　　☐ 一般　　　☐ 不良
   - ☐ 有纠纷

8. 承包商在项目所在国被接受程度（单选）
   - ☐ 非常受欢迎　　☐ 一般欢迎　　☐ 有一定的排外情绪
   - ☐ 受到抵制　　　☐ 受到严重的抵制

9. 承包商本地化程度（可多选）
   - ☐ 供应商/分包商本地化　　　　☐ 人力资源本地化
   - ☐ 经营管理本地化　　　　　　　☐ 在项目所在国成立公司
   - ☐ 与当地企业合资/组成联合体

10. 承包商政治风险经验（单选）
    - ☐ 在该项目所在国有大量项目经验
    - ☐ 在该项目所在国有少量项目经验，但有大量其他国家国际工程经验
    - ☐ 在该项目所在国有少量项目经验，且有大量其他国家国际工程经验
    - ☐ 首次进入该项目所在国家市场
    - ☐ 首次进入国际市场

11. 承包商在当地设立子公司情况
    ① 是否在当地设立子公司（单选）
    - ☐ 是（需回答②、③和④）
    - ☐ 否（无需回答②、③和④）

    ② 子公司员工数约为_____

③ 子公司引入当地所有权(与当地政府/企业合资)情况(母公司独资为1分,有很大比例的当地所有权得5分)(单选)
　　□ 5　　　□ 4　　　□ 3　　　□ 2　　　□ 1

1.4　项目情况

1. 该项目的类型是:(单选)
   □ 施工总承包　　　　　　　□ 施工分包
   □ 设计施工总承包　　　　　□ EPC(交钥匙工程)
   □ BOT、PPP等融资承包模式　□ 其他_____

2. 该项目所属产业情况
   ① 该项目所属的产业是(单选)
   　□ 房建(Buildings)　　　　　□ 交通(Transportation)
   　□ 石油(Petroleum)　　　　　□ 电力(Power)
   　□ 工业(Industrial)　　　　　□ 水利(Water)
   　□ 排水排污(Sewer/Waste)　　□ 制造业(Manufacturing)
   　□ 电信(Telecom)　　　　　　□ 有害废物处理(Hazardous Waste)
   　□ 其他(Other)_____

   ② 该产业与国家经济目标一致性(该行业是社会亟须的,高度符合社会需求和国家的经济政治目标得5分,反之1分)(单选)
   　□ 5　　□ 4　　□ 3　　□ 2　　□ 1

   ③ 产业成熟度(如果该行业信息透明、有完善的标准规范、低腐败得1分,反之5分)(单选)
   　□ 5　　□ 4　　□ 3　　□ 2　　□ 1

3. 该项目的起止时间是_____年至_____年

4. 该项目的合同额约是_____(请注明货币单位)

5. 项目资金情况
   ① 该项目的资金(资金充足、支付及时得5分,资金紧张、经常拖欠得1分)(单选)
   　□ 5　　□ 4　　□ 3　　□ 2　　□ 1

   ② 资金来源是:(单选)
   　□ 项目所在国国家投资　　　□ 项目所在国民营
   　□ 当地股权/债权融资　　　　□ 国际贷款
   　□ 国际援助　　　　　　　　□ 中国贷款
   　□ 中国援助　　　　　　　　□ 中国直接投资
   　□ PPP模式融资　　　　　　　□ 其他_____

6. 该项目的计价模式(单选)
   □ 固定总计　　□ 可变总价　　□ 固定单价　　□ 可变单价
   □ 成本加酬金

7. 该项目的付款方式
   ① 是否有预付款(单选)
   　□ 有预付款　　　　　　　　□ 无预付款

② 支付方式（单选）
　　□ 按月支付　　　　　　　　□ 形象进度支付
　　□ 竣工一次性支付

8. 项目所在国对项目的需求（急需得5分，可有可无得3分，排斥得1分）（单选）
　　□ 5　　　□ 4　　　□ 3　　　□ 2　　　□ 1

9. 有利的合同条件（可多选）
　　□ 有政治风险担保条款　　　□ 政治风险分担条款
　　□ 政治风险相关条款清晰稳定　□ 有国际仲裁条款
　　□ 无

10. 项目区位优势，项目位于项目所在国的：（单选）
　　□ 保税区　　□ 自由贸易区　　□ 经济特区　　□ 经济开发区
　　□ 无

11. 项目技术复杂性（复杂性很大，中国技术输出，当地承包商无法完成的项目得5分，常规小型项目得1分）（单选）
　　□ 5　　　□ 4　　　□ 3　　　□ 2　　　□ 1

12. 项目技术转移情况（为项目所在国引进先进技术、先进设备、培训人才促进当地技术进步得5分，无任何技术转移情况得1分）（单选）
　　□ 5　　　□ 4　　　□ 3　　　□ 2　　　□ 1

13. 当地群众对项目的支持度（单选）
　　□ 支持、合作关系　　　　　□ 较支持、关系融洽
　　□ 一般　　　　　　　　　　□ 抵触情绪
　　□ 抗议

14. 对地区经济贡献度（促进当地经济发展，增加大量税收、就业得5分，没有特别影响得3分，对本土企业的挤出、扭曲区域经济结构、造成收入分配不平等，对当地经济产生负面影响得1分）（单选）
　　□ 5　　　□ 4　　　□ 3　　　□ 2　　　□ 1

15. 与当地公司合作度（单选）
　　□ 与当地公司结成联盟　　　□ 与当地公司长期合作
　　□ 与当地公司有交易关系　　□ 与当地公司无合作
　　□ 与当地公司有冲突

16. 该项目对当地市场的依赖度（原材料、设备、人工完全依赖当地市场供应得5分；原材料、设备、人工完全来自中国国内得1分）（单选）
　　□ 5　　　□ 4　　　□ 3　　　□ 2　　　□ 1

17. 承包商不当行为情况
　① 种类（可多选）
　　□ 道德/宗教上的失误　　　□ 违背当地风俗习惯
　　□ 发生安全事故　　　　　　□ 劳资关系紧张
　　□ 与工会敌对　　　　　　　□ 侵犯工人权利
　　□ 劳动环境恶劣

☐ 对项目所在国劳工的不公平的待遇
☐ 无

② 发生频率（几乎没有得5分，经常发生得1分）（单选）
☐ 5　　☐ 4　　☐ 3　　☐ 2　　☐ 1

二、政治风险事件

1. 该项目发生了以下哪些类型的政治风险（可多选）

☐ 货币兑换风险　　　　　☐ 项目所在国政府违约
☐ 合作方违约　　　　　　☐ 征收和国有化
☐ 政治暴力　　　　　　　☐ 法律、法规、政策变化
☐ 行业限制　　　　　　　☐ 难以审批
☐ 贪污腐败　　　　　　　☐ 歧视对待
☐ 民族冲突　　　　　　　☐ 种族、宗教关系紧张
☐ 恐怖主义　　　　　　　☐ 环境保护组织的抗议、阻挠
☐ 宗教冲突和战争　　　　☐ 工会抗议
☐ 公众反对　　　　　　　☐ 反华活动

2. 发生时间是____月。

3. 风险后果

① 人员伤亡约____人
② 项目延误约____周
③ 政治风险导致的经济损失约为（单选）
☐ 合同额的1%以下
☐ 合同额的1%～5%
☐ 合同额的6%～10%
☐ 合同额的11%～20%
☐ 合同额的20%以上
④ 其他_____

三、风险措施

1. 是否预见到该政治风险的发生（完全预见得5分，未预见得1分）（单选）
☐ 5　　☐ 4　　☐ 3　　☐ 2　　☐ 1

2. 事前防范措施
① 该项目采取了哪些政治风险的事前防范措施（可多选）
☐ 充分了解项目所在国国情　　　☐ 采取本地化措施
☐ 政治风险投保　　　　　　　　☐ 争取有利的合同条款
☐ 加强监控，设定预案　　　　　☐ 与项目所在国政府建立良好关系
☐ 与相关部门建立良好关系　　　☐ 与相关官员建立良好关系
☐ 与本地企业结成同盟　　　　　☐ 提高声誉
☐ 加强管理以减少承包商不当行为　☐ 寻求额外资金支持

□ 政治游说　　　　　　　　　　　□ 政治献金

②采取的事前防范措施对政治风险的预防效果(有效预防了政治风险的发生得5分,几乎无效果得1分)(单选)

　　□ 5　　　　□ 4　　　　□ 3　　　　□ 2　　　　□ 1

3. 事后措施

①风险事件发生后采取的风险应对措施(可多选)

　　□ 启动预案　　　　　　　　　　　□ 中断运营,撤回国内
　　□ 资产保护措施　　　　　　　　　□ 谈判
　　□ 向违约方索赔　　　　　　　　　□ 保险索赔
　　□ 寻求中国支持　　　　　　　　　□ 申请国际组织仲裁
　　□ 其他_____

②措施效果(完全抵消风险后果得5分,几乎无效果得1分)(单选)

　　□ 5　　　　□ 4　　　　□ 3　　　　□ 2　　　　□ 1

4. 措施是否达到预期目的(完全达到得5分,完全未达到得1分)(单选)

　　□ 5　　　　□ 4　　　　□ 3　　　　□ 2　　　　□ 1

5. 是否总结和后评价形成经验积累(可多选)

　　□ 进行风险措施后评价　　　　　　□ 进行经验总结和学习会
　　□ 形成风险报告　　　　　　　　　□ 无